The Future
is in
Our Hands!

未来は、えらべる!

Bashar
Ken Honda

バシャール(ダリル・アンカ)
本田健

VOICE

まえがき…006

第1章 大好きなことの見つけ方、ワクワクの方法

2010年バージョンのメッセージとは?……012
観念のトリックに気づけ!……019
ワクワクしながら家賃を払うには?……026
「謙虚」な人は、「傲慢」!?……030
まやかし(trick)か、真実(truth)か……033
必ず幸せになれる「成功」の定義とは……036
毎瞬、毎瞬、一番ワクワクすることを選ぶ……040
勇気は、いらない……045
いやなことにぶつかってわかる「本当の私」……049
ワクワクした自分と周囲との間に、溝ができたときの対処法は?……053
column：Ken's message 1…059

第2章 運命は、変えられる

「運命」とは、生まれる前に選択したテーマ ……062
絶望は、光に変えられる ……064
人生には、生まれる前につくった「脚本」がある ……069
不安があるから、ワクワクが見える ……074
運のいい人、悪い人は、本当にいるのか ……076
100人の中から、たった1人選ばれた理由 ……080
15分で願いを実現させる方法 ……082
気づけばすぐに、手放せる ……089
観念の後ろにある《隠された観念》 ……094
夢を叶える確率は、10歳も、50歳も同じ ……100
column：Ken's message 2 ……107

第3章 お金と豊かさについて

お金は絶えず、動かすもの ……110
豊かさとは「やりたいことを、やりたいときに、やれる能力」 ……114

第4章 ソウルメイトとコミュニケーションについて

お金という「作物」を育てるには ……118
トイレ掃除で得るお金、ヘッジファンドで得るお金 ……122
アメリカは、デフォルト宣言をするのか? ……128
豊かさのメロディを奏でよう ……133
column : Ken's message 3 …138

ソウルメイトに最短で出会う方法 ……142
「男運」「女運」は、存在する? ……147
感情は、警報システム ……150
許しが生まれるメカニズム ……154
変わるのは世界ではなく、あなた自身 ……160
新しいマスクを選べば、現実は変わる ……164
column : Ken's message 4 …170

第5章 私たちの未来、分離していくリアリティ、2012年

経済危機の、本当の名前とは ……174
新しい社会システムの青写真 ……179
新たなテクノロジーを生むためにできること ……184
戦争から何が学べるか ……187
未来は、コメディにもホラーにもなる ……190
地域通貨の未来とフリーエネルギー ……195
パラレル・ワールドへ、ようこそ ……202
2012年、列車は別々の線路を走り出す ……206
100パーセントワクワクの列車がある ……211
《2012年急行(2012 EXPRESS)》に乗るもっともいい方法 ……214
column : Ken's message 5 ……220

巻末コラム……222
あとがき……224

まえがき

このたび、この本を手にとってくださって、ありがとうございます。
「未来は、えらべる！」というタイトルがあなたの目をひきましたか？
それとも、ワクワクを生きる人生や、2012年について知りたいと思われましたか？　あるいは、資本主義の未来、パラレル・ワールド？
あなたの探しているものが何であれ、きっとこの本の中に見つかるでしょう。
3日間にわたってロサンジェルス郊外で行われた、宇宙存在バシャールと本田健の対談をもとに、この本はつくられています。
私（本田健）が訊きたかったことを中心に、バシャールにいろんな質問をぶつけてみました。
さすがに、宇宙人だけあって地球人に対する観察が鋭くて（笑）、彼の答えの正確さと、早さには驚かされました。お金、パートナーシップ、無価値観など、人間にしかわからなさそうな話題にも、的確に答えを返してくれました。
対談中、「目からウロコが落ちるとは、まさにこのことだ！」という体験を何度もしました。
みなさんも、読み進めていくうちに、きっと、同じような体験をされること

でしょう。

実は、バシャールとは今回が初めてではなく、ちょうど16年前にも会っています。そのときに、バシャールの「ワクワクすることをやろう」というメッセージに出会い、衝撃を受けました。当時、人間関係でも仕事でも方向性が見えなくて、私は完全に人生の迷い子のような状態でした。それが、「ワクワクする」というキーワードをきっかけに、最初は静かに、そしてあるときからは劇的に私の人生が変わっていったのです。

このあたりのことは、ほかの著書でも書いているので、くわしくはお話ししませんが、本当に大きな変化が起きました。

「バシャールって、いったい何者？」これは、初めてバシャール（正確にはダリル・アンカ）を見たときに感じたことです。

バシャールは、宇宙存在です。アメリカ人のダリル・アンカという人の意識を通して、チャネリングという形で、私たちにメッセージを届けています。

バシャールに限らず、チャネリング自体初めてだったので、バシャールとして話すときのダリルの動きを疑いの目で見ていました。「インチキくさいなぁ」と思っていましたし、だまされてなるものかという変なプライドもありました。

みなさんの中にも、同じように感じている人がいるかもしれません。

まえがき
007

しかし、自分なりにバシャールの発信するメッセージを咀嚼していくうちに、そんなことは気にならなくなりました。メッセージの深さ、広がりに納得したからです。また、自分の人生で実践していくうちに、信じられないような結果が出て、いまでは、そのメッセージの正当性は疑う余地がなくなりました。バシャールの本が出て20年以上たつそうですが、その後自分のワクワクすることを追いかけてきた人たちも、同じように感じているのではないでしょうか。

バシャールの発信する科学的、かつ多面的な情報は、とてもそれをチャネルするダリルが知り得るものではなく、ふたりはまったく違う人格だと考えざるを得ません。実際にダリルと親しくなってからは、静かに落ち着いて話すダリルと、とても自信に満ちたパワフルな話し方をするバシャールとの違いをいっそう感じるようになりました。バシャールには、ダリルと違ったユーモアのセンス、考え方、パワーを感じます。

実際に、チャネリングが始まるとき、うまく言葉では説明できないのですが、ものすごく部屋の空気が変わります。衝撃波がど〜んとやってくるような感じです。会話しているときも、こちらの体が熱くなるような、ふわっと暖かい感じ。やさしくびりびりするような感覚がありました。サウナに入っ

しくて、不思議な遠赤外線のような感じです。こればかりは、体験しないとわからないかもしれませんが、ちょっとは伝わりましたか？

それ以外は、いたってふつうの会話です。懐かしい友人と話しているような、親戚のおじさんと、こたつを囲んで話しているような、不思議な気安さがありました。今回の収録も、とてもリラックスして楽しめました。ロサンジェルス郊外のホテルのスイートルームで収録したのですが、参加者全員がワクワクして、あっという間に時間が過ぎたような感じがします。

みなさんにも、きっと楽しんでいただけると思います。

では、不思議なバシャールの世界へ、ご一緒することにしましょう。

本田 健

チャネリング：特別な意識状態になり、自分以外の存在から情報を得て表現すること

大好きなことの見つけ方、
ワクワクの方法

2010年バージョンのメッセージとは?

バシャール　こんにちは。とても素晴らしい日ですね。お元気ですか。

健　こんにちは。

バシャール　今日は想像のままに何でも聞いていただいてけっこうです。

健　今回は日本からチームでやってきました。日本のみなさまにバシャールのメッセージを届けられることに、全員、とてもワクワクしています。

バシャール　ありがとうございます。

健　まず、「夢を実現すること」をテーマに、セッションをスタートしたいと思います。

バシャール　どうぞ。

健　この本を読まれている方の多くがいろいろな夢を持っていると思います。けれども、実際にその夢を実現させようと行動を起こす人はほんのわずかです。なぜ、ぼくたちの多くは、夢を追いかけないのでしょうか。

バシャール　それは、ほとんどの人が怖れているからです。

健　では、どうしたらその怖れを手放して、本当の夢を実現していけるのか教えてください。これまで何度もお話しされていることですが、２０１０年バージョンの解説をお願いします。
世界的に経済が大混乱し、資本主義が崩壊し始め、すべての人が怖れに負けそうないま、バシャールからのメッセージをぜひお願いしたいと思います。

バシャール　怖れをポジティブな方向に使う必要があります。
ポジティブな方向に使うためには、まず「怖れを直視する」ことです。
怖れを見ることで、自分がどんなネガティブな観念や定義づけにしがみついて

第1章　大好きなことの見つけ方、ワクワクの方法

いるのかを理解できます。その観念や定義づけが、あなたの夢をはばんでいるのです。（＊「観念」を表す英語"belief"は、ネガティブな意味とポジティブな意味の両方を持つため、本書では文意に応じて「観念」、「信じていること」と表記する）

「2010年バージョン夢の叶え方」についてお話ししましょう。

それは、観念の「性質」と「構造」を理解することに尽きます。

ネガティブな観念の構造がわかれば、その観念をどうやれば変えられるが、あたかも目の前の図表のようにクリアに見えてきます。

何かについて理解したいと考えたとき、たとえば、あるテクノロジーについて理解したいと考えたとき、それを表や図にしてみると、よりわかりやすくなりますね。

ですから、私たちは最近、「観念の構造図」をつくってみることをみなさんに提案しています。そうすることで、観念の性質や構造がどのように機能するのか、理解しやすくなるからです。

すべての観念には、「特有のメカニズム」があります。

物質次元で何かを経験するためには、ある観念があなたの中にずっと存在し続ける必要があります。

言い換えると、その瞬間に、「その観念以外の考え方はあり得ない」とあなたに思わせる必要があるのです。

そう思わせる観念のメカニズムのひとつに、「自己強化性」という性質があります。

健　それは、どういったものですか？

バシャール　たとえば、あることを心から信じていると、それは物質次元でも実現します。

すると、実現したことによって、さらにその観念が強化されます。

もし観念に、このような性質がなければ、それを実際に物質レベルで体験することは不可能です。

なぜなら、物質レベルの現実とは、実体のあるものではなく幻想だからです。

つまり、観念の存在によって、あなたが物質次元で体験していることが「現実である」と信じられるようになっているのです。

では、ぼくたちの観念が、現実をつくっているのですね。

健

はい、そうです。
みなさんの「現実」をつくっている観念には、ポジティブなものとネガティブなものがあります。

ふたつの観念の、もっとも大きな違いをお教えしましょう。
ポジティブな観念は、「現実は幻想かもしれない。それなら、もしかしたら変えられるかもしれない」という可能性に気づかせてくれます。
一方、ネガティブな観念は、「自分が物質レベルで体験していることは確固とした現実なので変えることはできない。もし変えるとしても、とても難しい」と信じ込ませます。

みなさんは物質レベルを超えた魂の部分で、それぞれの現実という「幻想」をつくっています。しかし、魂は、「現実は幻想だ」と知っているのです。ですから、みなさんの意識がつくる観念なしには、物質レベルの現実が体験できないのです。

バシャール

健　　そう信じ込ませるために、ネガティブな観念の構造は、ポジティブな観念よりも非常に複雑で多面的です。「これが現実だ」と信じ込ませるには、いろいろなトリックが必要だからです。

バシャール　なるほど！　それでポジティブで前向きな人には単純な人が多くて、ネガティブな人には複雑で深い人が多いんですね。

健　　まったく、そのとおりです。ネガティブな観念の構造的な性質によって、いまおっしゃったようになるのです。

バシャール　おもしろい！　おかげで人生の謎がひとつ解けました。

健　　よかったですね。

バシャール　いま世界では、ポジティブな人のほうがえらくて、ネガティブな人のほうがどちらかというと劣っているというイメージを持つ人が多いと思います。バシャールは、このあたりをどう考えますか。

第1章　大好きなことの見つけ方、ワクワクの方法

バシャール 「いい・悪い」ではなくて、ポジティブな人のほうがよりハッピーだと思います。

健 確かにそうです。けれども、素晴らしい小説や映画、多くの芸術作品はネガティブなところから生み出されていますよね。

バシャール そうですね。でも小説や映画は、ネガティブな体験、あるいは怖れを「ポジティブな形」に使った例なのです。ネガティブな観念や、そこから生まれてきた怖れでも、ポジティブな形に使うとその力が弱まります。

それは、ちょうどみなさんの惑星にある陰陽のシンボルと似ています。陰陽のシンボルの白地部分には黒い点が、黒地部分には白い点がありますね。

このふたつの点は、「ポジティブな観念やエネルギーは、ネガティブな形に利用することができる」ということ、そして「ネガティブな観念やエネルギーも、最低でもひとつの分野においてはポジティブな使い方をする余地が必ずある」ということを示しています。

つまり、どんなに明るく見えるものの中にも闇を見いだす可能性があるし、逆に、どんなに暗い状況にも光を見いだすことができるのです。

健　では、陰と陽、ネガティブとポジティブの間に真実がある、そのバランスの中に本当の幸せがある、ということですか。

バシャール　そうです。そこがあなたにとっての、本当の〝パワーと平和の場所〟です。

健　ありがとう。素晴らしい。とても参考になりました。

バシャール　どういたしまして。

観念のトリックに気づけ！

健　日本の読者の多くは、バシャールといえば「ワクワクすることをやりなさい」というメッセージを連想するでしょう。あなたは、たくさんの日本人を勇気づけてくれたと思います。ぼくも、勇気づけられたうちのひとりです。

第1章　大好きなことの見つけ方、ワクワクの方法

バシャール　ありがとうございます。

健　実は、16年前あなたと最初に会ったとき、ぼくは会計の仕事をしていたんですが、「このまま仕事を続けていっていいかどうか」と訊きました。そのときバシャールは、「ワクワクすることをやりなさい」と言ってくれたんです。そのおかげで、ぼくはその後、会計の仕事を手放して、本を書いたり、講演したりすることにシフトしてこられたのです。

バシャール　ありがとう。では、あのときよりワクワクしていらっしゃいますね。

健　はい、とっても。人生が劇的に変わった感じがします。このことに関してはバシャールにすごく感謝したいと思います。

バシャール　私たちは逆に、あなたがご自分でその変化を起こす意志があったことに感謝します。

なぜなら、意志こそが、唯一、変化をもたらすからです。

私たちが一日中話して、話して、話し続けて、どんなにたくさんのアドバイス

健

をしてくる側が変化を起こす決心をしなければ、何の意味もありません。

ですから、あなたが「本来の自分自身になる」と選択されたことに感謝します。

それが、あなたがいる世界で、すべての違いをつくるからです。

この16年間のことを、ロサンジェルスに来る飛行機の中で考えていました。この間に、自分の大好きな仕事を見つけ、最愛のパートナーを見つけ、そして娘が生まれ、いますごく幸せに暮らしています。

けれども、それらを叶えていく過程で、絶えず不安や怖れや疑いがあったことを思い出しました。でも、いつもその中で、ベストな選択をするように心がけてきました。

バシャール

不安や疑いがあったのは、そのプロセスの途中で、あなたがまだ古いかん念システムを持っていたからだと思います。

私たちがなぜ「ワクワクすることをしてください」と言っているか、思い出し

第1章　大好きなことの見つけ方、ワクワクの方法

021

てください。それは、ワクワクにしたがって行動することによって、「自分が持つ古い観念システムが表面意識に出てくる」からです。

表面意識にのぼってきた観念システムは、ワークをする（自ら問題に取り組む）ことによって、解消し変えることができます。

あなたが情熱を持てることに早く取り組むほど、自分がどんな観念を持っているかが早くわかります。

すると、その分だけ早く対処して、観念を変えることができるのです。

私たちが「ワクワクしながら情熱を傾けられるものを見つけることが、すべての問題を解決できる万能薬のようなキットですよ。それさえあれば、あなたに必要なものは全部手に入りますよ」と、よく言っているのはそのためです。

多くの人は、「情熱を傾けられることさえやっていれば、もう古い観念を見る必要はなくなる、だから無視してもいいんだ」と考えています。

でも、真実は、まったく正反対です。

情熱にしたがって行動することは、自分がどんな観念を持っているかを表面意識に浮かび上がらせてくれるだけではありません。

その観念を統合し、変容する能力を与えてくれます。

ワクワクすること、情熱にしたがうことは、意識をきれいにする万能クリーナーと言っていいでしょう。

あなたの家（意識）をきれいにせざるを得なくなります。

けれども、ここで、たぶんこれを読んでいる方は、「そうは言っても、すぐに行動するのは難しいよね」と言いそうですが。

健

それは、矛盾していますね。

情熱にしたがってすぐに行動できないのなら、私たちの言っていることが理解できていないことになります。

バシャール

これが、ネガティブな観念がみなさんにかけているトリックのひとつなのです。

ネガティブな観念は、「頭では理解できるけど、なかなか行動に移すのは難し

第1章　大好きなことの見つけ方、ワクワクの方法

い」とみなさんに信じ込ませています。そう思わせることで、あなたたちが観念の構造について本当に理解するのをはばもうとしているのです。そして、行動を起こせないようにして、ネガティブな観念を持ち続けさせるのです。

でも実のところ、もし実際に理解できていれば「理解できている」のですから、行動に移すのも簡単です。

だから、ネガティブな観念は非常に巧妙（トリッキー）だと、私たちはお話ししているのです。

ネガティブな観念は、みなさんを何とかだましたいと思っています。なぜなら、ずっとその観念を持ち続けてもらいたいからです。ですから、トリックをかけて、理論的におかしい主張を何となく正しいように思わせてしまうのです。

少し立ち止まって考えてみれば、「わかったけど、やるのはやっぱり難しい」という主張そのものが、理屈にかなっていないことがわかりますよね？ にもかかわらず、ネガティブな観念は、それが理屈にかなった考え方だと思わ

健　すごくよくわかります。ぼくたちはいつも、うまくだまされているということですね。

バシャール　はい、そのとおりです。

健　同時に、いま推定数万人の読者がこの瞬間に考えていることもよくわかります。つまり……。

バシャール　ええ、かつてあなたがそこにいたから、理解できるのです。しかし実際は、「本当に理解したら、行動するのは簡単」というのが正しい理解です。これは変わりようがありません。
　だからこそ、ネガティブな観念の性質や構造を知ることが、とても大事なのです。
　観念の持つしくみが構造図になって目の前にあれば、どのようにして自分たち

ワクワクしながら家賃を払うには？

健　なるほど。では、ある典型的な読者について助けてもらっていいですか。たとえば、この瞬間にその読者が感じているのは、「今月の家賃、どうしよう。ワクワクすることをしたらお金が続かない」ということではないかと思います。そして、「バシャールはいいよな。たぶん人間のこと、わからないんだよな」と感じているんじゃないかと思うんです。「だって、宇宙船に住んでるんだから、たぶん家賃は払ってないだろうし。それに、ごはんも食べないって言ってたから、食費もかからない。だから、心配なんかいらないよね。そのふたつさえなかったら……」

ただ、「あ、このしかけがこうやって効いて、こういうふうに見えるのか」と理解するだけです。わかりますか。

イリュージョンのタネがわかると、もうだまされることはありませんね。にいるマジシャンが見せるイリュージョンと同じようなものです。それが明確にわかれば、変えるのは簡単です。観念の構造は、みなさんの惑星がだまされているかがはっきりわかるでしょう。

バシャール　はい、はい、はい、楽ですよ。ありがとう。

（笑）

でも同時に、地球にいた私の過去世（ダリルのこと。ダリルはバシャールの過去世）は、家賃を払うことがどんなことかよくわかっています。

このチャネル（ダリル）は、私の過去世だということを思い出してください。

ですから、私は過去世の体験を通して、人間にとって家賃を払い、食べ物を買うためのお金を得るのがどんなことか、わかっているのです。

私たちはその状態から進化して、宇宙船に住み、食べるものも必要なく、家賃も払わなくていいという段階に行きつきました。

ですから、みなさんも、情熱やワクワクにしたがって生きていくと進化できるのです。

しかし、いま地球上にいるみなさんは、家賃を払い、食べ物を買わなければいけない。それも、わかります。

第1章　大好きなことの見つけ方、ワクワクの方法

でも、みなさんの現実と私たちの現実を比較することが、ここでの課題ではありません。

なぜ、ワクワクや情熱にしたがうと家賃が払えなくなると思うのか。
なぜ、食べ物を買うお金がなくなると思うのか。
問題は、そこにあります。

では、健さんを例にとって読者のみなさんに説明させてください。
会計の仕事をしているとき、家賃を払えるだけの収入がありましたか？

健　はい。

バシャール　いま作家として、家賃を払う収入はありますか？

健　いまのところは。

バシャール　「いまのところは」と言うと、まるでそのうち払えなくなるように聞こえますが、なぜそんな言い方をするのでしょう。

健　どこか、気恥ずかしいんだと思います。

バシャール　恥ずかしい……？

健　好きなことをして、自由に暮らしていることに対して、不思議な遠慮があります。

バシャール　単純に「家賃を払うのに充分な収入があります」と言うかわりに、なぜ「いまのところは」という条件づけをするのですか。

健　おっしゃるとおりです。はい、ぼくは大好きなことをやって、幸せに豊かに生きています！

バシャール　では、情熱、ワクワクが必要なお金をもたらしているのですね。

健　はい。ありがたいことに、大好きなことをやって、充分な豊かさも受け取っています。

第1章　大好きなことの見つけ方、ワクワクの方法

バシャール　では、健さんができるわけですから、読者の方もできますね。

健　はい、もちろん。ぼくもそれを信じていますし、著作や講演でも伝えているつもりです。

「謙虚」な人は、「傲慢」⁉

バシャール　健さんの情熱、ワクワクが健さんにとって必要なお金をもたらしたのと同じように、読者のみなさんも、情熱、ワクワクにしたがって生きることで必要なお金が得られます。
そのもっともいい例が、健さんではないでしょうか。
ですから、私たちを例にとるよりも、健さんを例として、みなさんにどんなことができるかを話したほうがいいと思うのです。

健　そうですね。でも、こんなダメな自分でもできたのだから、誰だってできるとぼくは思います。でも、読者の方は、こう感じるかもしれません。「健さんは、きっと優秀で才能があるに違いない。健さんだからできたかもしれないけど、自分に

はできない。だって、私は健さんと『違う』から……」

バシャール　みんなそれぞれ、違っています。ところで、健さん以外にも、つまり、健さんとは違う人でも、成功した方がいるのではないですか。

健　個人的に知っているだけでも、数百人はいるでしょう。雑誌や本などで知っている人をいれたら、何千人という人が、大好きなことをやって、豊かに生きていると思います。

バシャール　では、読者の方は、その人たち(健さんとは違うけれど成功した人たち)とも自分は違っている、と思っているのでしょうか？「自分はほかの誰とも違うんだ」と。

つまり、彼らは「健さんたちのように、情熱にしたがってうまくいった人はいるけれど、私はそれよりもっと違っている。だから私には、健さんやほかの人の例があてはまらない」と言っているのでしょうか？

第1章　大好きなことの見つけ方、ワクワクの方法

031

健さんと読者のみなさんに、ちょっとした秘密をお伝えしましょう。
「健さんだからできたんだ。でも、私は違うから」と言う人は、「自分は謙虚だ」と思っています。それは、謙虚に見えますが、実は傲慢なのです。

彼らは、健さんも他の人たちも情熱にしたがって生きているのに、「私は(その人たちとも)さらに違っている」と言っています。
宇宙に対して、「私にはワクワクにしたがった生き方がうまくいかない。私は他の誰よりも違っているから」と言っているのです。
それは、謙虚なのではなく、傲慢です。

もちろん、人はそれぞれユニークです。みな、違っています。
でも、みなさんは、創造主 (the Creation) によって無条件に等しくサポートされています。

ですから、「健さんは自分の情熱にしたがってうまくいった。あの人もそうだ。でも、ちっぽけな私には、そのやり方はうまくいかない」と思っているのは、実は、「私はあまりにも違っていて特別で、ユニークな存在です」と思っています。つまり、創造

物の中でもっとも傲慢な存在です」と言っているのと同じことです。なぜなら、「サポートされないのは、唯一、私だけだ」と言っているのですから。

健　なるほど、そうですね。

バシャール　最初のうちは、自分を疑ってしまう、なかなか信じられないというのはわかります。けれど、「すべての人が情熱にしたがってうまくいくのに、私だけはダメだ」という考えにずっと固執しているのは、自分だけにスポットライトを当てているのと同じなのです。
これは、謙虚とは、まったく逆の姿勢です。わかりますか。

まやかし(trick)か、真実(truth)か

健　おもしろいですね。自分は、特別にダメで、救いようがない。「選ばれし不幸な者のプライドが許さない」ということでしょうか。

バシャール　そうです。彼らは、みじめであることを選択しているのです。

ここにも、ネガティブな観念のトリックがあります。その人たちは、ネガティブな観念がしかけたトリックによって、そう選択しなければいけないと信じ込まされているのです。

例をあげてお話ししましょう。

ネガティブな観念は、「疑い」をとてもおもしろい方法で使います。

たとえば、このようにささやくのです。

「自分の情熱やワクワクにしたがって生きていけるかどうかを試してはいけない。もしかしたらうまくいかないかもしれないじゃないか。もしうまくいかなかったら、ものすごく怖いことになるぞ」

「ワクワクや情熱にしたがっても、うまくいかないかもしれないよ。だから、たとえいまとてもみじめで、とても不幸せでも、まだ慣れ親しんでいる現状のほうがいいんじゃないの？」

これが、疑いを使ったトリックです。

あなたの情熱が自分を養ってくれないことがわかってしまったら、もうあなた

健　は「死ぬ」しかない。だから、「いまは不幸せだけど、このままのほうが少なくとも生き延びられる」と信じ込ませるのです。

もちろん、情熱にしたがって生きたら、経済的にやっていけないなどナンセンスです。けれども、ネガティブな観念は、あたかも経済的に成り立たないことが本当であるかのように信じ込ませ、古い観念の中にとどまらせるのです。

バシャール　とてもよくわかります。どうやったら、トリックを外せるんでしょう。

つい自分が使ってしまっている言葉に、注目してください。

たとえば、「情熱だけでは、食べていけない」「あれは、健さんだからできたんだ」「ワクワクして生きるなんて、無理に決まってる」。

そう言ったり、考えたりしているときの言葉を、しっかり把握することです。

そして、それは高次の意識（宇宙の叡智につながる自分の中の高い意識。ハート、智慧の部分）から出ているのではなく、ネガティブな観念にトリックをかけられて言っているのだと気づく必要があります。

「真実(truth)」と「まやかし(trick)」の違いをきちんと学んで、区別できるようにならなければいけません。
みなさんの惑星の行事に、ハロウィンと呼ばれているものがありますね。
子どもたちが家々をたずね、「トリック・オア・トリート(Trick or treat：お菓子をくれなきゃ、いたずらするぞ)」と言ってお菓子を集めてまわります。
いまここでみなさんに学んでほしいのは、「トリック・オア・トゥルース(Trick or truth：まやかしか真実か)」ということです。
その違いを学んでほしいのです。
そうすると、お菓子が手に入りますよ。

（　笑　）

必ず幸せになれる「成功」の定義とは

健
　人が好きなことをしない理由には、いまほとんどの人が好きなことをしていないという現実もあると思います。まわりに、好きなことをやって生きている人

036

バシャール　がいないので、そういう生き方は無理だと考えている人が多いのでしょう。個人的には、好きなことをして成功できる人は、才能がある人ではなく、好きなことをして生きようと決めた人なんだと思っています。自分の体験から、そう思うようになりました。

健　多くの場合、そうです。

バシャール　けれども、ほとんどの人が、「自分には才能がないから、ワクワクすることをして成功することはできない」と信じています。このトリックに関しても、自分で体験してよくわかっています。

バシャール　それは、その人たちの中に、成功に対する特別な定義があるからです。もしいま成功できていないのであれば、まずその「成功」という言葉を定義し直してください。社会が「成功とはこんなものだ」と定義している内容と、実際に自分のワクワクや情熱にしたがって正直に生きたときの「成功」とは別ものかもしれません。わかりますか。

第1章　大好きなことの見つけ方、ワクワクの方法

健　はい。それはたとえば、経済的なものだけではなくて、自分にOKを出せるかとか、そういうことですか。

バシャール　そのとおりです。

多くの人は、自分がしていることが「幸せだ」と感じると、たとえお金をたくさん稼いでいなくても「自分は成功している」と感じます。

つまり、自分がしたいことをするのに必要なお金さえあれば、別にほかの人と比べてたくさんお金がなくても「成功していて、幸せ」なのです。

自分がしたいことができれば幸せで、そして、成功しているのです。

ネガティブな観念には、「社会が期待している成功像と自分を比較させる」という、また別のトリックがあります。

「社会が期待する成功像に到達できなければ、自分は成功していない」と、あなたに信じ込ませるのです。

そして、その成功像に到達できそうになければ、最初からトライするのをやめさせてしまいます。

健

たとえば、アーティストが有名になれなかったり、作品が高い値段で売れなかったとしても、絵を描いていて幸せな自分がいれば、それはある種の成功かもしれない、ということでしょうか。

バシャール

そうです。幸せに感じられることをしていて、自分の情熱をさらに拡大していけるような現実があれば、その人は成功しています。

例をあげましょう。

ふたりのアーティストが「アトリエが欲しい」と思ったとします。

Aさんは、「成功するためにはアトリエを持たなければいけない。でも、そのためにはお金が足りない」と考え、「成功するためには、お金が足りない」ということにフォーカスしました。一方、Bさんは「成功するためにはアトリエを持つに越したことはない」と思いながらも、ワクワクして作品づくりを続け、自分の情熱を拡大させていきました。

その結果、Aさんは、自分のお金でアトリエを借りることにしましたが、今度は、家賃が支払えるかどうかを心配しなければならなくなりました。

一方、Bさんは、彼の作品を見た人物から「君の作品をとても気に入ったか

第1章 大好きなことの見つけ方、ワクワクの方法

ら、アトリエをプレゼントしよう」という申し出を受け、欲しかったアトリエを手にしました。
AさんとBさん、どちらがより大きく成功していると言えるでしょうか？

健　確かにいいポイントですね。

バシャール　ありがとう。思い出してください。
私たちが、豊かさとは、「自分がやりたいときに、やりたいことをやれる能力がある」ことだと定義しているのも、そんな理由からです。
自分がやりたいときに、やりたいことをやれる能力があれば、あなたは成功しています。マル。おしまい。それ以上何もありません。わかりますか。

毎瞬、毎瞬、一番ワクワクすることを選ぶ

健　はい。それに関して、たぶん読者がバシャールに一番訊きたいと思っていることを質問してもいいでしょうか。とても基本的なことですが、みなさんは、好きなことをどうやって見つけたらいいのか知りたいのではないかと思うんです。

「ワクワクすることをやれ」とバシャールは言います。そうは言っても……。

バシャール　毎瞬、毎瞬、ワクワクすることをやってください。
それは、いきなりライフワークや大きなプロジェクトに取り組む選択をするということではありません。
「その瞬間瞬間において、自分の選べる選択肢の中で、一番ワクワクするものを選んでください」と言っているのです。

健　ということは、いきなり自分に向いた仕事を探すといった大きいことではなく、ごく日常的なことから好きなことをやっていけばいい、ということですね。

バシャール　そうです。
なぜなら、どんな小さな一歩であれ、自分の情熱、ワクワクから行動を起こすと、それがより多くのワクワクや情熱につながる糸となり、さらに、その糸がどんどん太くなって、情熱が成長し拡大していくからです。
多くの人たちは、「情熱にしたがって生きてください」「ワクワクにしたがって

第1章　大好きなことの見つけ方、ワクワクの方法

041

健　「生きてください」と言うと、何か大きなことをしなければいけないと誤解しています。
そうではなく、その瞬間に与えられている選択肢の中で、自分がもっとも情熱を持てるものをやればいいのです。
そのように行動すれば、自分が情熱を持てる、より多くの対象やチャンスが引き寄せられてきます。
私たちが「ワクワクにしたがって生きることが、すべての問題を解決するオールマイティ・キットですよ。それさえあれば、あなたに必要な物はすべて手に入りますよ」と言っているのは、そういう理由なのです。

「ワクワクすることをやる」と言うと、つい大げさなことを考えてしまうんですよね。ところで好きなことをやり始めたら、何らかの選択をしなければいけないポイントが来ると思うんです。

バシャール　選択は、いつでもしています。

042

健
たとえば、この本を夜読んでいる人が「よし、明日から好きなことをやろう」と思っても、行かなくてはいけない会社がある。本当は海外に行きたいんだけど……。

バシャール
もしその人が、「情熱にしたがって生きることが自分のためになる」と心の底から信じていたら、その日に会社を辞めて、翌日から海外に行くでしょう。

しかし、地球に住むほとんどの人は、それまで持っていた観念を急に変えることはできません。だから安全策をとって、段階的に情熱にしたがって生きるということをするのです。

「生活のためには、ここで仕事をしなければ……」という観念を持ったまま、向こう見ずに退職してしまうのは、賢い選択ではありません。自分が持っている一番強い観念は、それがどんなものであれ、尊重しなければいけません。一番強い観念が、実現化するからです。

本人にとって無理のないやり方とペースで、観念を手放すことが大切です。

しかし、本当にその人が「会社を辞めて海外に行っても、自分はやっていける

第1章　大好きなことの見つけ方、ワクワクの方法

と信じていれば、そうなります。
　これは、「食べていけるかいけないか」という可否の問題ではありません。「どこまで信じているかによって、どのレベルでやっていけるか」という度合いの問題です。わかりますか。

健　はい。聞いていると、とりあえずできるところまで、安心してリスクを冒せるところまではリスクを取っていきましょう、という話ですよね。

バシャール　リスクはありません。リスクはないのです。

健　たぶん、外から見たら大したことには見えないかもしれませんが、新しいことをやるのは怖いことです。そして、最終的に、どこかで決断する瞬間が来ると思うんです。ワクワクすることを選ぶのか、それとも……。

バシャール　そうです。
　だからこそ、自分の古い観念システムを無視してはいけないのです。

自分が古い観念を手放す前に、行動してはいけないのです。

健　ただ、どこかの時点で意思表明をしないといけないと思うんです。それは、上司の人に残業を断ることかもしれないし、旦那さんにいままでの結婚生活のあり方はいやだと言うことかもしれないし……。

バシャール　もちろん、そうです。自分はこんな観念を持っていたのだと、いったんわかったら、その気づきにしたがった行動をとらなければなりません。

勇気は、いらない

健　ということは、ワクワクすることをやって生きるために、一番必要になるのは、勇気だということですね。

バシャール　そうではありません。
　人類が「勇気」と考えているような勇気ではありません。
　それで「自分はやっていける」とわかっている行動をとるのに、勇気は必要あ

第1章　大好きなことの見つけ方、ワクワクの方法

045

健　もう少し、説明してもらえますか。

バシャール　いすから立ち上がるのに、あなたは勇気を必要としますか？

健　それぐらいは何とか大丈夫です（笑）。

バシャール　それと同じことです。立ち上がりたいと思ったとき、自分が立ち上がれることを知っていれば、「立ち上がったら倒れるんじゃないだろうか」とは考えませんし、勇気は必要ありません。単純に「立ち上がれると知っているかどうか」の問題。ただ、それだけです。

観念を変えるためには、勇気がいるかもしれませんが、「これが真実だ」とすでに思っていることを行動に移すのに、勇気はいりません。ですから、「勇気が必要だ」と感じているうちは、その人は、その行動を起こすりませんね。わかりますか。

046

健　のに必要な考え方をまだ信じていない、ということになります。

勇気とは、行動を起こすときに必要な感覚ではありません。
行動する前の「観念を変えるプロセス」にともなう感覚なのです。
つまり、古い観念を手放し、新しい観念を持つことができれば、もう勇気によって観念を変えるプロセスは必要ないのです。
「自分はできる」と知っているのですから。

ということは、「いまこそ飛び込まなきゃ！　勇気が必要だ！」と不安を感じているとしたら、まだ準備ができていないということですか。

バシャール　その瞬間は、まだ観念を変えるプロセスの最中だということです。

実際のしくみを、構造的に見てみましょう。
観念を変えて行動を起こすとき、実は、ふたつのことがらが非常に速い速度で起きています。そのために混乱して、ひとつのことしか起きていないように感じてしまうのです。

第1章　大好きなことの見つけ方、ワクワクの方法

047

たとえば、ある人が立ち上がり、勇気をかき集めて水に飛び込もうとしているとします。

このとき、「勇気をかき集めて」という部分は、「飛び込む」行動の中には含まれません。つまり、「勇気を集めている」部分は、「飛び込んでも大丈夫だ」と自分の観念を変えていくプロセスの一部なのです。

でも、観念を変えると決められれば、もう勇気は必要なくなります。

すると今度は、その人の内側に、究極的に平和で、穏やかな「知っている感覚」、つまり確信が出てきます。

この確信が、行動をとらせるのです。

勇気ではありません。

勇気は、「進んで行動を起こそう」という「気持ち」にはさせてくれます。

しかし、実際に行動を起こす原動力になっているのは、「確信」です。

ただ、このふたつが非常に短い時間に起きるので、本人は「自分は勇気を奮いたたせて行動した」と感じるかもしれません。

いやなことにぶつかってわかる「本当の私」

たとえば、禅の師匠が行動するのに勇気はいりませんね。彼らは、淡々と行動しています。
なぜなら、「これがとるべき行動だ」と確信しているからです。
さらに言えば、怖れがなければ、その行動をとるための勇気すら必要なくなります。わかりますか。

健　なるほど、よくわかりました。さて、もうひとつワクワクに関する質問ですが、ふつうの人がワクワクすること、好きなことを見つけるためにはどうしたらいいのでしょうか。

バシャール　もうすでに言いましたよね。
そのときに選ぶことのできる選択肢の中から、単純にもっともワクワクできるものを選ぶ。
それで、あなたの言う「ふつうの人」には充分ではないでしょうか？

第1章　大好きなことの見つけ方、ワクワクの方法

健　それに尽きるということですね。

バシャール　尽きるということはありません。この方法は、非常に単純なのです。単純なので、誰にでもできるのです。与えられたその瞬間で、一番ワクワクするものを選ぶということです。

健　なるほど。でも、好きなことを見つけて実際にやっていったとき、途中でいやなことにも出会うと思います。たとえば、面倒くさいことや、きらいなこともやらなければいけないかもしれません。

バシャール　確かに、本当に自分の情熱にしたがって生きると、その中に含まれるあまり好きでないことを、やるかどうか選択するときが来ます。けれど、そこで判断しないでください。
また、それらを価値が低いものとみなさないでください。
それぞれに意味があり、あなたに何かを与えようとして、そこにあるのです。
もしあなたが本当に情熱にしたがって生きたいのなら、それらをポジティブに

使う必要があります。

覚えておいてください。

「情熱にしたがって生きる」といっても、好きでないことに二度とぶつからないと言っているのではありません。もしかしたら、逆に、自分が好きでない波動を持つ状況に、もっとたくさん出会うかもしれません。

しかし、それらの状況は、「私はこれが好きではないんだ」と教えるために起きています。

好きでないことにぶつかったときは、「その状況をどうやったらポジティブに使えるか」を学ぶチャンスなのです。

みなさんはまだしばらくの間、この惑星の住人全員が合意した現実の中で生きていきます。ですから、当然、自分があまり好きでない波長の人や物事にぶつかるでしょう。しかし、だからといって、それにネガティブな形で影響を受ける必要はないのです。

第1章　大好きなことの見つけ方、ワクワクの方法

健

自分が本当に変わったかどうかを教えてくれるのは、自分のまわりが変わったかどうかではありません。

次に同じ出来事が起きたときの、自分の反応でわかるのです。

たとえば、「もう私は変わったんだ。じゃ、自分で自分にテストしてみよう」と無意識に考え、過去にネガティブな形で反応してしまった出来事と同じことを、ふたたび自分に引き寄せることがあります。

そうやって、以前とは違う対応ができるかどうか試すと、自分は本当に変わったかどうかがわかるのです。

本人が「変わった」と言っているにもかかわらず、前にネガティブな反応をした出来事に対して、また同じような反応をしてしまうのなら、その人は変わっていないのです。わかりますか。

はい。よくわかります。ところで、ネガティブな出来事を引き寄せるとき、たとえば、それがワクワクすることに対するコミットメント（心の底からの決意）を試されているということもありますか。

バシャール

はい。それはまた、「自分は、こう信じている」というときに、どこまで本当に信じられているかをテストされているとも言えます。

いやなことにぶつかったときの反応で、真実の自分にふさわしくない観念をまだ持っているかどうか判明するのです。

そのとき、以前と同じ反応をしているのであれば、それは、「まだ自分が見つけ出して変えていない観念がある」という証明になります。

つまり、いやなことにぶつかるのは、ポジティブな現象だということです。

だから多くの場合、みなさんは、まだ気づいていない観念を自分に気づかせるためにそのような状況を引き寄せます。

ときには、「自分のことを自分でだまして、自分自身に気づく」ということもあるのです。

ワクワクした自分と周囲との間に、溝ができたときの対処法は？

健

では、あとひとつ、ワクワクに関する質問をしたいと思います。ワクワクすることを続けてやっていると、まわりの人たちとの間に溝ができることがあると

思います。それは夫婦間の溝だったり、友人との間の溝だったりしますが、それについてはどう対処すればいいでしょうか。

バシャール　そうですね。確かに人によっては、情熱にしたがって生きるという、あなたの高い波動に対処しきれない場合もあります。

それでも相手は、「本当のあなたがどんな人なのか」を学ぶことはできます。ワクワクにしたがって生きるあなたの波動に合わせて、その人が自分を変えたいのであれば変えることができますし、変えたくなければ変わる必要はありません。

しかし少なくとも、その人は「本当のあなた」を知ることになるのです。

だいたい、本当の自分でいないまま人間関係をつくろうと思っても、そもそも、そこには「関係」などありません。わかりますか。

健　そのとおりですね。

バシャール　ありがとう。

健　ところで、大好きなことやワクワクすることをしていくと、いろいろな人から、批判されたり、嫉妬を受けることもありますよね。あるいは、罪悪感を感じてしまったりすることもあるかもしれません。そんなとき、何かできることはありますか。

バシャール　そういう場合は明らかに、あなた自身が「真実の自分」から外れた観念を持っています。ですから、それがどんな観念なのかを見つけ出して、好きでないなら変えればいいのです。

あなたにできることは、相手に愛を与えることだけです。
そして、相手が選びたいものを選ばせてあげることだけです。
あなたが相手を変えることはできません。

相手に対して「こんなふうに変われますよ」と、愛をもって提案することはできます。しかし、相手を変えることはできません。
相手が「変わらない選択」をすることを許し、相手を無条件に愛することしかできません。

第1章　大好きなことの見つけ方、ワクワクの方法

健

そして、「もし私の波動に合わせたいのなら、こんなことができますよ」と相手に提案した結果、拒否されたとしても、その反応に左右されることなく、それまでどおり、あなた自身が「真実の自分」でいるためにすべきことをするだけです。

あなたは、できることはすべてやったのです。

相手に対して責任ある対応をとる必要はありますが、それは「相手の選択に対して責任を取る」ということではありません。

あなたにできることは、情熱にしたがって生き続けることだけです。

つまり、「あなた自身が自分の人生に責任ある対応をする」ということです。

もし逆に、人から批判や嫉妬を受けて、自分らしくいられなくなった人がいたとしたら、それを見た人は、「なるほど、自分らしい生き方をやめるとこういうことになるのか」と痛感します。そしてそれが反面教師となり、「では、私は真実の自分になろう」と決めるきっかけになったりもします。

そうですね。自分の人生にしか責任を取れないというのは、本当にそのとおり

056

バシャール　先ほど言っていたことと、程度の差はありますが同じことです。ポジティブなもの、ネガティブなもの、どんな感情でも、すべての感情は、まず自分が信じ込んでいることから生まれます。

最初に観念がなければ、感情は生まれません。

観念とは、「感情をつくるもの」と定義できます。

感情は、「自分と人生、自分と創造主との関係はこうに違いない」とあなたが信じている思い込みから、直接生まれてくるのです。

たとえば、自分と創造主との関係に対して、あなたが疑いや不安を持っていたとします。

疑いや不安は、真実の自分とつながっているときは持ち得ない感情です。ですから、そういったネガティブな感情を持つこと自体が、そもそも、あなたです。あと、疑いや不安があるとき、「この道でいいんだろうか」「本当にワクワクしているんだろうか」とわからなくなる瞬間があると思うのですが、それにはどう対処すればいいですか。

が真実の自分からずれた観念を持っているということを端的に表しているのです。

したがって、それらの感情に対処するためには、自分で自分に訊けばいいのです。「この感情を持つために、自分はどんな観念を持っていなければならないか」と。そうやって、自分に訊き、ひとつひとつ理解していけばいいのです。

自分がどんな観念を抱いているか、感情を使って探り当てることができます。観念が見つけられれば、その性質や構造を理解することで、それを変容させることができるのです。その後、観念を新しくすれば、自ずと感情も変わります。わかりますか。

健

ええ、観念が疑いや不安をつくりだしていたのですね。本当の自分とつながり観念を変えていけば、感情も自然に変わるのだということがわかりました。ありがとう。

column : Ken's message 1

バシャールの本は、いままでに200万部以上売れているそうです。ヴォイス主幹の喜多見さんによれば、この20年の間、たくさんの人から感謝の手紙が来て、それがいまだに続いているとのこと。

読者には各界で成功している人が多いようですが、彼らが成功するきっかけになったのは、「ワクワクすることをやりなさい」とバシャールがくりかえし伝えるメッセージです。当時若き青年だった彼らも、20年後のいま、ビジネス、政治、芸能、スポーツなど、各界の第一線で活躍しています。それは、彼らが、「自分の中にあるワクワク」を見つけて、追いかけてきた結果なのでしょう。

英語では、excitingという言葉を使っていますが、ぼくの友人でもある関野直行さんという当時の通訳が「ワクワクする」と訳しました。ぼくも通訳をやっていたのでわかるのですが、「ワクワクする」というのは、実に名訳です。この「ワクワク」というキーワードが、どれだけ多くの人の人生を変えることになったかわかりません。

ぼくが作家になるきっかけになったのも、「ワクワク」というキーワードでした。ヴォイスが主催する「ソース」というセミナーに出たときに、子ども時代

を振り返って、自分が本当は何がやりたいのかということに向き合いました。

この「ソース」というセミナーは、マイク・マクマナス氏が、「人間は自分の大好きなことをやることが、幸せにつながる」という考え方を土台に、大好きなことを見つける方法をまとめたものです。(URL：http://www.voice-inc.co.jp/content/551/)。

育児のために仕事をセミリタイヤしていたとき、そのセミナーに参加して、実は「表現したり、文章を書くことが好きだ」ということを発見しました。そのときのインストラクターの安藤理さんが、高校時代の先輩というシンクロニシティもあり、その後、ぼくの人生は劇的に変わっていきました。

ぼくが作家になってからの8年間で、一番多かった読者からの質問は、「大好きなことをどうやって見つけたらいいですか？」というものです。

そこで、まわりの友人とつくったのが、ライフワークスクール(URL：http://www.lifeworkschool.com/)です。ここでも、自分の大好きを見つけるということをテーマにしています。いままでいろんな幸せな成功者にインタビューしてきましたが、例外なく、みんな大好きなことをある時点で見つけ、そこから人生が好転しています。好きなことを見つけられないという人には、どちらもおすすめです。

第 2 章

運命は、変えられる

「運命」とは、生まれる前に選択したテーマ

健　では、テーマを変えて、運命について訊きたいと思います。

バシャール　まず、みなさんが一般的に考えている「運命」とは、私たちからすると、とても限定されたものの見方だと思います。
みなさんはこの地球に生まれると決めたときに、地上ではこんなテーマや考え方を探究してみようということも決めます。
そのとき選択したテーマが「運命」だと、私たちは考えます。
魂のレベルでは、自分は地上で「こんなテーマを探究しよう」と決めているので、「こういう種類の人生を歩かなくちゃ」とか、「こんな生き方をしないといけないな」と感じるのです。
その魂レベルで決めた道筋をたどっていくことが、私たちが「運命」だと考えるものです。

健　けれども、ごくごく例外的なケースを除いては、実際に自分がそのルートをどう歩いていくかは、個人の自由意思にまかされています。

したがって、自由意思と運命は、仲良く手をつないでいる関係。ひとつのコインの裏と表です。

片方が成立したら、もう片方が成立しないというものではありません。

非常にシンプルに置き換えると、運命とは「何を探究するか」で、自由意思とは「それをどう探究するか」だと言うこともできるでしょう。

ということは、運命は、生まれる前からあらかじめ決まっているということでしょうか。あるいは、ぼくたちが生まれる前に、運命を決めてきたとも言えるのでしょうか。

バシャール　はい。全般的なテーマは生まれる前に決まっています。

たとえば、いま地球に生まれてきている人々に、はっきりと共通している全般的なテーマは、変容やスピリチュアリティ、意識の拡大です。

また、暗いものを明るいものに、ネガティブなものをポジティブなものに変容

絶望は、光に変えられる

健
　いまバシャールが言ってくれた運命は、全部ポジティブな感じがします。でも、運命という言葉には、何かこう、ひどい目にあったり、病気したり、事故にあったりというネガティブなものもあると思うんですが……。

しかし、テーマの探究のしかたは、人それぞれです。
　たとえばある人は、絵を描くことによって非常に情熱的に、そしてワクワクしながら、それを探究しようと思うかもしれません。
　また別の人は本を書いて、さらに別の人はヒーリングを通して、そのテーマを探究しようと情熱を感じ、ワクワクするかもしれません。
　またほかの人は教えることによって、あるいは別の人は歌うことによって、あるいはスカイダイビング、綱渡り、皿回し……、いろいろな方法で探究することができるのです。

させることも、多くの人にとって明らかに共通する全般的なテーマです。

バシャール　運命には、そういうチャレンジが関係してくることもあります。
しかし、それらのチャレンジは決してネガティブではありません。
あなたが、それらをネガティブだと定義づけているだけです。

たとえば、重度の知的障害や身体的障害を抱えている子どもは、多くの場合、その子のまわりにいる人に対して教師のような役割をします。
ですから、ある魂が、身体的障害や、知的障害を持って生まれてくることを選んだとしても、その選択が本質的にネガティブだということではありません。
みなさんの世界の偉大な教師の多くは、身体障害児、知的障害児です。
わかりますか。

健　はい。それはよくわかります。しかし、家族が殺されたり、事故にあったり、火事にあったり、そういうことはどうなんでしょう。

バシャール　アクシデント（事故や偶然）というものはないのです。
アクシデントというものはないのです。
すべては、その人が引き寄せているものです。

第2章　運命は、変えられる

065

もちろん殺人などを犯した人を、擁護しているわけではありません。
けれども、次のような見方をすることができます。

たとえばある人が、非常に強烈な恐怖に基づいた観念を持っていて、「自分は安全でない」とか、「自分は犠牲者だ」と思ったとします。すると、自分を傷つけるのに充分なくらい、人間性を尊重しない人を引きつけることになります。

でもここでは、「犠牲者のエネルギー」をつくらないことを、その人が学ぶことが大切なのです。

地球人は物事に対して「黒／白」に分けた見方をしがちなので、みなさんがいわゆる「殺人」と呼んでいる出来事についても「加害者／被害者」という見方をしてしまいます。

もう一度言いますが、これは別にどちらかを擁護しているわけではなく、ただ説明をしているだけです。地球人が「被害者」と呼んでいる人は加害者でもあり、また「加害者」と呼んでいる人は被害者でもあるのです。

なぜなら、ふたり共同でその出来事を起こしているからです。

これらの出来事は、本来ならその人が「変わる」ための素晴らしいチャンスです。けれども、みなさんの社会ではそのことが理解され始めてもいないのです。

健　そうですね。一般的にはまだ受け入れにくい考えかもしれません。

バシャール　ええ。しかし最近、この付近（ロサンジェルス付近）で、ある象徴的な出来事が起きたので、ご紹介しましょう。

ある企業に銃を持った若い男が押し入り、そこで働いていた女性をつかまえ、「殺すぞ、カネを出せ」と脅しました。

つかまえられた女性は恐怖を感じましたが、それでも彼女のもっともいい側面がそこなわれることはありませんでした。

命の危険を感じていたにもかかわらず、彼女は意を決して男に話しかけたのです。

そんなことをしたら、彼自身の身の上にどんなことが起きるか、「本当にあなたの幸せが心配なのだ」ということが伝わるようなやり方で。

第2章　運命は、変えられる
067

同時に彼女は、「銃で人を脅す以外に自分が生き延びる可能性はない」と思うしかなかったこの男の境遇に、心からの同情を表しました。
彼女の思いやりに満ちた言葉にふれて、男は、その女性が本心から自分の身の上を気にかけてくれているのだとわかったのだそうです。
彼女のおかげで、その男は真実の自分とつながることができ、「自分が本当にやりたいのはこんなことではない」と気づけたのです。
彼は銃を女性に渡して謝罪しました。そして、自ら警察に出頭し、生きて、人生をポジティブに変えるチャンスを自分自身に与えたのです。

それらすべてのことは、わずか数分の間に起きました。
地球のもっと多くの人が彼女のように行動できれば、このような大きな変化が、いまこの瞬間にも起こせるのです。

ここでのレッスンは、「どんなに絶望的に見える状況でも、そうしたいという意思さえあれば、暗闇を光に変えられる」ということです。この流れがもっともっと進んでいくと、そのうち加害者も犠牲者もいなくなります。
わかりますか。

068

人生には、生まれる前につくった「脚本」がある

健　はい。素晴らしいストーリーをシェアしてくれてありがとう。では、別の角度から運命について訊きたいと思います。

バシャール　どうぞ。

健　自分の人生を例にとって言うと、34歳のときに初めて本を書き始めました。小さいときは、将来本を書くなんて考えたこともなかったんです。家族も親戚も友人も誰ひとり、ぼくが本を書くと思っていませんでした。
　けれども、特殊能力を持ったサイキックと呼ばれる人や、ある大成功している人からは、ぼくは将来本を書いたり、たくさんの人の前で講演することになるだろうと言われたことがあります。ということは、その人たちには、ぼくの未来が見えていたわけで、その時点でいまの運命が決まっていたということですよね？　このあたりはどう考えたらいいのでしょう。

第2章　運命は、変えられる

バシャール

彼らの視野が非常に広かったということがあるでしょう。それで、当時のあなたには知覚できていなかった、あなたが生まれる前に選択してきたテーマを、彼らは認識することができたのです。

それは、ちょうど、大人と子どもの認識の違いのようなものです。子どもはいま自分がきらいな食べ物を、将来食べられるようになることなど考えもしないでしょう。でも、大人は「いまあなたは、それがきらいかもしれないけど、大人になったらきっと好きになるわよ」という言い方をします。大人のほうが、視野が広いのです。

サイキックと呼ばれる人たちは非常に視野が広いので、あなたの中に存在した、ある種のエネルギーパターンを感じることができたのです。あなたがそれを知覚できなかったのは、当時のあなたは、まだ「いまのあなた」になっていなかったからであり、知覚することがその頃のあなたのためにならなかったからです。

もちろん、そういうことがわかるサイキックを自分に引きつけ、予言しても

らったことは、作家のエネルギーパターンが自分の中にあると気づくためのひとつの方法でした。また、サイキックに「作家になる」と言われたタイミングは、実際に作家になる時期を象徴していたのかもしれません。

健　なるほど。ということは、人には何らかの人生脚本みたいなものがあって、知っているかいないかにかかわらず、その大枠に沿って人生は進んでいるということですよね？

バシャール　そうです。

中には非常に事細かに書いてあるシナリオの持ち主もいますが、ほとんどの場合は大枠が決まっているだけです。

たとえば、人によっては「10歳のときにこれが起きるでしょう。12歳のときにはこういうことが起きて、それを探究する方法はこうでしょう。13歳のときにはこんなことが起き、15歳のときにはこういうことがしたくなって、こんなふうに探究するでしょう」と書いてあるシナリオもあれば、「物質レベルの現実に生きることがどんな感じなのかしばらく体験してみたい」とだけ書いてあるシ

第2章　運命は、変えられる
071

ナリオもあります。

現在、この惑星でスピリチュアリティや意識について興味がある人の脚本の多くは、混合型の脚本と言えます。いくつかのテーマは決まっていますが、それ以外のことは非常に大まかな脚本になっています。

健　具体的なところでは、どう生きるかを決めることができる。それが自由意思だと考えていいわけですね?

バシャール　はい、そうです。
　大筋にしたがっていれば、そのテーマをどのように探究し、どのように経験するかは、自分の情熱やワクワク、自由意思次第です。けれども、現時点で、脚本の細かく決まっている部分と、大まかな部分がたがいに相いれないということは、ごくまれです。片方が成立したら、もう片方が成立しないということは、ほとんどありません。
　ふたつが相殺しあうのではなく、ともに働いて、あなたが情熱を抱いているものが何であれ、それを表現するうえでの相乗効果を生むのです。

072

健

運命の大筋にうまく乗っているとき、つまり、テーマに沿った動きをしているときは、すごくノッているという感覚があるんですか。

もしそうだとしたら、運命が細かく決まっていない部分、アバウトに決めてきたところを生きているときには、逆にノッていないと感じるのでしょうか。

バシャール

それはその人、ひとりひとりによっても違ってきますし、またどんなことをするかという人生のテーマによっても変わってきます。

いまあなたが言ったようなことを体験する可能性はありますが、そんなふうに体験する必要もありません。

大まかな部分を生きているときも、細かな部分を生きているときと同じくらい情熱を感じ、ノッているという感覚を持つ人もいます。

またその一方で、逆のように感じる人もいます。

たとえば、シナリオで細かく決まっているところを体験している最中にはとても混乱を感じ、逆に、大まかなところを生きているときにとても喜びを感じる、そういう人もいるでしょう。

ですから、個別にケース・バイ・ケースで見ていかなければいけません。

健　ひとりひとり、違います。

バシャール　いろんなタイプの脚本があるのですね。ところで、なぜ生まれてくる前に自分の人生のテーマをすべて忘れてしまうんでしょうか。

健　忘れたほうが、その体験を「その瞬間の体験」として味わえるからです。もしあらかじめこういうことが起きるとわかっていたら、新しい体験ではなくなります。みなさんは、その体験を、新しい考え方、新しい観点から、体験したくて生まれてきたわけですから。

たとえば、あなたが「すべてのものはすでに存在している」と理解していたとしたら、その「すべてのものは存在している」ということをいったん忘れてしまわないと、それを初めて起きていることとして体験することはできません。

不安があるから、ワクワクが見える

健　なるほど、よくわかりました。しかし、ワクワクにしたがって生きているとき

バシャール

そのときこそ、ワクワクと不安の違いを学ぶチャンスです。

ワクワクは、自分のポジティブな観念とつながることで生まれます。

そして不安は、ネガティブな観念によって、本当の自分からずれてしまうことから生まれます。そのことを理解するチャンスなのです。

たとえば、「これが自分の本当の情熱だ」とわかっても、それを行動に移すのが怖いときがあります。あるいは逆に、「これをやることが自分の情熱だ」と自分に思い込ませることはできても、それが本当の情熱ではないこともあります。

だから、ワクワクすることをやるとき、自分の観念システムが何をしているかに気づく必要があるのです。

なぜなら、ときには自分が本当に情熱を持っていることからずれて、「私は別のことに情熱を持っているのだ」と考えてしまうことがあるからです。

は生きているときで、ワクワクしている分だけネガティブな観念も出てきて、やっていることが本当に合っているのかどうか、本当にいいのかどうかと不安を感じることもしばしばです。

本当に情熱を持っていることには、同時に、怖れも感じるものです。その怖れを見なくてすむように、みなさんはあえて「別のこと」をする場合があるのです。

だからこそ、自分自身について正直に検証することが必要です。そして、観念の性質や構造を知る必要があります。それで初めて、自分の状態がいったいどうなっているのかを理解できるのですから。

ちょっとお待ちください。

（バシャール、歯をかみ合わせて音をカチカチ立てる。情報をサーチしている様子）

はい、では進めてください。

運のいい人、悪い人は、本当にいるのか

健　ダウンロード中みたいだな……（笑）。

今度は「運」について訊きたいと思います。「世の中には運のいい人と悪い人がいる」と一般的には信じられていると思います。たとえば、シンクロニシティ（共時性、意味のある偶然の一致）をどんどん引き寄せて、チャンスをつかんだり、素晴らしい人たちに出会って、いい人生を送る人がいます。
逆に、たとえば、アメリカであった例ですが一日に5回も交通事故にあったり、何回も泥棒に入られたり、火事にあったりする人がいます。

バシャール　でも、いままで話してきたことで、おわかりいただけましたね。いいも悪いも、運というもの自体がないのです。人間が考えているような幸運・不運が、ふってわくようにやって来ることはないのです。
ふってわくわけではないので、「事故」はありません。
偶然、アクシデント、というものはないのです。
運ではなく、シンクロニシティに、「ポジティブなもの」と「ネガティブなもの」があるのです。
ポジティブな観念やポジティブな選択は、ポジティブなシンクロニシティにつ

健　ということは、その人の考え方や選択によって素晴らしい人生を生きることができるし、ごく一般的な言い方でいうと、すごくラッキーな生き方をすることは可能だということですね。

バシャール　はい、その可能性は、全員が等しく持っています。

一日に5回も交通事故に遭遇してしまうような現実をつくっている人は、もしかしたら「目覚めなさい。いままで避けて見てこなかったものにきちんと対峙しなさい」と自分に言うために、その出来事を引き起こしているのかもしれません。

あるいは、「自分は破壊することができない存在である」ということを、非常に創造的な方法を使って、自分自身に見せているのかもしれません。

くりかえしますが、正しく理解するためには、ケース・バイ・ケースで見ていく必要があります。その人が何を探究しているのか、見たくないどのような観

ながりますし、「逆もまた真なり」です。出来事が突然ふりかかってくるわけではありません。

健　念があるのか、そして、その結果として、どんなことが現実で起きているのかという具合に見ていく必要があるのです。
起きたこと自体には意味はありません。
「起きたことにどんな意味を持たせるか」によって、その出来事から受け取るものが決まるのです。

バシャール　もともと、交通事故自体に、意味はないということですね。
はい。交通事故そのものに意味はありません。中立的な現象です。もちろん交通事故ですから、もしかしたらネガティブな観念から生まれたものかもしれません。
そうだとしても、出来事はすべて中立で、何も意味を持ちません。
ある出来事を引き起こした考えが何であれ、それを体験している瞬間に、「その出来事にどんな意味を与えたか」が、そこから自分がどんな影響を受けるのかを決めます。

100人の中から、たった1人選ばれた理由

健

たとえば、本人が怖れに根ざした観念を持っていたために交通事故を引き寄せたとします。

けれども、交通事故を体験している瞬間に、突然、気づきを得て、「この出来事は、私は傷つくことがないし破壊されることもないと私に教えてくれたんだ」と理解することもできるのです。

それが、その人が事故を通して学ぶべき本当のレッスンだったとすれば、その時点でそのレッスンは学び終えたのですから、もう同じような出来事を体験する必要はなくなります。

もし、また似たようなことを体験したときには、「いったん自分が学んだこと以外に何かポジティブなレッスンがあるのだ」と思うことも選択できるのです。

世間的な目で見ると、ぼくはすごくラッキーな人生を生きてきたと思います。

たとえば、100人の中から1人、2人しか選ばれない選考で選ばれたことがありました。

080

バシャール　でも、その運を自分でつくったのは、もうおわかりですね？　幸運とは、多くの人が「これが、運だ」と考えているような偶然の産物ではないのです。

健　はい。でも、それに当選したかった人たちは、同じように「幸運をつくる」と、少なくとも表面的な意識では決めていたと思います。バシャールから見ると、それは決めていなかったということになるんでしょうか。

バシャール　くりかえしますが、人の数ほど理由があります。

人それぞれ、理由が違うのです。

たとえば、ある人は怖れを土台にした観念からそこにいたので、「選ばれる」という感覚をつくることができなかったのかもしれません。

また、人によっては、「別の人が選ばれたほうがいい」と、無意識のうちに思い、まさに、他の人を選ばせるために、そこに参加していたのかもしれません。10人いれば10人なりの理由があります。偶然はないのです。

あるいは、もしかしたら、全員が無意識に高い次元からこう言いたくて集まっていた可能性もあります。「そろそろ、この人が選ばれるときだ。この人が選ば

れたあと、選ばれるという体験を探究するためにどう対処するか見てみよう。この人にそのチャンスをあげてみよう」と。

当人たちは、そうしたことを表面意識では認識できていないかもしれませんが、これは全員の無意識的合意の結果かもしれないのです。

健　その人が深いところで、本当に決めたら、すべてが実現すると考えていいんでしょうか。

バシャール　はい。
あなたが本当に決心したこと、心の底から決めたことは、必ず実現します。

15分で願いを実現させる方法

健　心底決めるためには、先ほど言ったようなネガティブな観念をひとつひとつ手放していくことが大切になってくるんですね。

バシャール　ちょっと待ってください。

すべての決心は、本当の、真実の決定です。
そこは誤解しないようにしてください。
ポジティブであろうがネガティブであろうが、ある人がある決断を本当にすれば、それが実現してしまうのです。
ですから、本当の決断、決心が必ずポジティブというわけではありません。
あなたが「本当に信じていること」が、実現するのです。
それがポジティブであろうと、ネガティブであろうと。

本物のマニフェスト（実現化）をしています。
みなさんは常に常に、本物の、真実の決断をしています。
ここでの課題は、「何を実現したいのか」ということ。
そして、どうしても実現してほしいという期待を抱かずに、自分の観念システムを実現したいことのエネルギーと一体化できるかということです。
あることを実現するためには、15分以上集中する必要はありません。
でもそれは、実現化のプロセス全体の半分です。

まず15分の集中の中で、自分が実現したいと思っていることが本当の自分の情熱、ワクワクを代表するものであること、そして、自分のすべてのポジティブな観念体系が、実現化の方向に向いているかということを確かめてください。

しかし、これからお話しする実現化のプロセスの後半は、いままで話したことと矛盾します。

自分の観念体系すべてを使って、情熱を傾けているものに15分間集中した後、それを実現させるための最良の方法は、「それを手放し、ゆだねて、実現するかどうか気にしない」ということです。

物質次元の意識（顕在意識、思考の部分）は、情熱の対象に集中したことで、すべき仕事をもう終えたわけです。

ですから次は、あらゆる想定や期待やニーズなどを全部手放して、高次の意識にゆだねなければなりません。

そうすると高次の意識が、どのような形であれ、「実際に起きるべき方法」できちんと実現してくれます。

健　では、自分が実現したいことに、ずっと意識を集中し続けてはいけないのですね。

バシャール　はい。なぜなら、物質次元の意識が実現したいとフォーカスしているものは、あなたが実現化したいものの「シンボル」に過ぎないからです。
あなたが「実現したいこと」としてイメージするものは、単に「象徴」でしかないのです。

もちろん、ときには、自分が想像していたとおりに実現することもあります。
しかし、ほとんどの場合、そうである必要はないのです。
物質次元の意識は、「あなたが実現したいこと」がなり得る最高の姿を想像することができないからです。

物質次元の意識が想像しているものをイメージとして使うのは、あなたが「実現したいこと」を裏づけるエネルギー、そして情熱を生み出すためです。

けれども物質次元の意識が、自分が想像した姿で実現すべきだと強要してはい

けないのです。なぜなら、高次の意識は、もっと素晴らしくて、もっといいやり方で実現できる方法を知っている可能性があるからです。

物質次元の意識を使って集中する作業は、「受け取る準備」です。

高次の意識が、あなたが望んでいることがらの最良の実現方法を知っています。

したがって、実現化とは、「集中と忘れること」「(起きるのを)許すこと」の結果だと言えます。

集中して、忘れる。
集中して、忘れる。
集中して、忘れる。

これが、実現化の法則です。

自動的に、努力することなしに、毎瞬、毎日、こうすればいいのです。

健　それはすごいな。ところで、実現したいことには、1回だけフォーカスすればいいんですか。それとも、一日何回かはフォーカスして、そのあと忘れたほう

がいいんでしょうか。

バシャール 1回で充分です。
物質次元で何かを実現したかったら、どんなことでも、1回だけ15分集中すれば充分です。
もう1回、集中してしまったら、それは忘れていないということですよね。

健 （笑）

ここで、たぶん読者はすごく気になっていると思うのですが、その15分で充分にできたかどうか、チェックする方法はありますか。

バシャール はい、あります。
チェックシートというのは、
（手を叩きながら力をこめて、言葉を切りつつ）
「情熱を行動に移す」

「できるときはいつも」
「最大限に」
「期待なしに」

チェック、チェック、チェック、チェック。以上。

それほど、シンプルです。

ええ、わかっていますよ。
地球上の多くの人が「そんなに簡単なわけがない」と思っていることを。
でも、簡単なのです。

いずれにしても、みなさんはいつもそうしているんです。
みなさんは、実現化の方法をすでに知っていて、いつでも、実現しています。
知らなければ、体験できる現実をいま持っていません。

自分の最大限の能力で、情熱にしたがって行動する。
そして、いまこの瞬間に存在する。

そうしさえすれば、あなたのハイヤーセルフ（大いなる自己、高次の自分）があなたに一番役立つ形で、数々のことを実現してくれます。

そ・れ・ほ・ど、単純なんです。

気づけばすぐに、手放せる

健　ありがとう。本当にわかりやすい説明でした。でもやっぱりここで、あえて訊きたくなるのが、実現化を邪魔してしまうネガティブな観念のことです。バシャールは、さっき「自分の観念に気づきさえすれば、それを変えられる」と言っていましたね。

でも、「こんな観念がある」とわかったところで、その理解がそのまま観念を変えることにつながるのでしょうか。実現化を邪魔するネガティブな観念を変えるには、それで充分なんでしょうか。

バシャール　ではもう一度、説明しましょう。

まず、自分がどんな観念を持っているか、特定する必要があります。

それが特定できたら、その性質や構造を理解することができます。
構造が理解できれば、即座に、その観念を手放すことができるはずです。
なぜなら、本当の自分にふさわしくないものを持ち続ける意味がないからです。

ここで注意していただきたいのは、ひとつの定義が別の定義とつながっているという事実です。
たとえば、あなたのいまの質問のしかたが「ある定義には別の定義がつながっている」ということをよく示しています。

地球人は、たいていこのように教わってきました。
「ある観念を特定できたとしても、何か具体的な行動をしなければ変えることはできない」と。まさにいま、あなたが質問したように。

いまの質問は、「観念の発見は、変化のプロセスの始まりである」という観念からきています。
でも実は、「自分はこんな観念を持っているのだ」と気づくのは、変化のプロセスの終わりなのです。

健　自分が、ある観念を持っていたと認識するためには、その観念の外側にいなければなりません。あるいは、その観念を超えたところにいなければなりません。とくに、ネガティブな観念については、まさにそうです。「こんなネガティブな観念を持っている」と気づけば、その観念を、あなたはもう手放しているのです。その観念を、もう信じていないのです。

ということは、観念に気づいた瞬間から、自分のあり方が変わっていると思っていいんですね。

バシャール　そうです。「木を見て森を見ず」という言い方がありますが、それと同じです。

森の中にいるときは木の一本一本しか見えず、森は見えません。森全体を見るためには、森の外にいなければなりません。したがって、ネガティブな観念があったと知るためには、「その観念の外」にいなければならないのです。

健

ネガティブな観念を持ち続けるためには、その観念に気づかれては困ります。
ですからネガティブな観念は、その観念があることをあなたに悟られないよう、さまざまなトリックをしかけます。そのため、悲しみや苦しみを体験しても、あなたはそれが観念のしわざだということを知りません。
つまり、自分が「知らないこと」で傷つく可能性があるのです。
そう、「知識は力」なのです。

しかし、観念を特定した瞬間、それはあなたのコントロール下に納まります。
あなたが、それにコントロールされている状況が終わるのです。

隠れた観念すべてを完全に特定するには、どうすればいいのでしょう。

バシャール

いままで説明してきたプロセスを使えばいいのです。
そうすれば、それらの観念がどんなものかを見つけ出すことができます。
隠れた観念が変わった後も、また同じ観念を選んでしまうとしたら、まだ自分が気づいていない、別の観念があるということです。
そんなときは、さらにその観念を探す……というように、このプロセスを何度

も何度もくりかえしていくのです。

そうすることで、たがいに関連し合っているすべての観念を特定できるようになります。

すべての関連する観念に気づけば、観念の構造の全容が見えてきます。

すると、その観念体系に影響を受けることはもうなくなります。

だからこそ、ネガティブな観念の「実際の構造」を知ることが、非常に大事なのです。

構造を知れば、「もしかしたらそれに関係するこんな観念もあるかもしれない」と想定できるようになります。すると、それまでは気づけなかった観念も見えてくるのです。

ネガティブな観念は、いろいろなテクニックを使って私たちをだまそうとします。だからといって、そのテクニックは、無尽蔵ではありません。なぜなら、先ほどお話ししたように、「どんな暗闇にも必ず光を見いだすチャンスがある」からです。

第2章　運命は、変えられる

健　ここで確認ですが、さっきは「知らないことは、あなたを傷つける可能性がある」と言われましたね。もう少し具体的に教えてもらえますか？

バシャール　「ネガティブな観念がトリックをかけているせいで、自分がいつもネガティブな選択をしているのだ」と気づけないと、なぜ自分が痛みや疑いを感じたり、あるいは、苦労や困難を感じているのか理解できません。
　ですから、ネガティブな観念を持っていることに気づけないと、場合によっては自分自身や他人を傷つけてしまうこともあるのです。

観念の後ろにある《隠された観念》

健　そのとおりですね。このことに関して、ある女性の例で訊いてもいいでしょうか。その女性はダンサーになりたいのですが、体にいろいろ問題が起きるので、うまく進んでいません。彼女が自分の中を見ていったら、「自分にはやっぱり価値がないんじゃないか」と……。

バシャール　では、「自分には価値がない」というネガティブな観念を持っていることに気づ

健　そのとおりです。

バシャール　それに関して彼女はどうしたいと思ったのでしょう。
そのネガティブな観念の言いなりになることを選んだのでしょうか。
あるいは、本当はそのネガティブな観念は自分とはまったく無関係で、誰かからもらった観念だと気づくほうを選んだのでしょうか。

健　彼女は、「これは父親から来たんだ」「これは母親から来た」とちゃんと気づいたのです。そして、彼女はそれを癒すのに必要なことをしたつもりでした。

バシャール　だけど……？

健　そう、それでも症状は改善せず、状況も変わらなくて、たとえ行動に出たとしてもつまずけば、結局「やっぱり自分には価値がないんだ」とついつい思ってしまう。これは多くの人が感じていることでしょう。

第2章　運命は、変えられる

バシャール　ちょっと待ってください、ちょっと待ってください、わかりました。

これは、先ほどお話ししたことの典型的な例ですね。

ある人が観念について探究した結果、「なるほど、このことが起きている理由は、これとこれとこれだったのか」とわかったとします。「すべての観念を見つけ出せたし、問題もすべて解決した。さあ、これから前進しよう」と思うのです。それに、いろいろなチャレンジもちゃんと乗り越えた。

すると、次なるチャレンジにまた出会います。そのチャレンジは「あなたはまだ自分には価値がないと感じていますよ」と教えてくれます。

それは、その人が実は「本当の観念」にまだ気づいていないということです。

でなければ、そんなことは感じないわけですから。わかりますか。

健　はい。

バシャール　次なるチャレンジが来たときに、前と同じ反応をしてしまうのなら、その人はまだ変わっていません。

つまり、「外側がどう変わったか」ではなく、「その人の内側が変わったか」ど

健　うかです。内側が本当に変わったら、外側も変わらずにはいられません。

しかし、だからといって「外の状況を変えるために私は変わろう」と考えるのは本末転倒です。内側の自分を本当に変えたいと思っている人は、外側のことなどどうでもいいと思っています。

そういう人は、何が起きてもポジティブな対応をするでしょう。また、どんなチャレンジに直面しても、「自分には価値がある」ということを知っています。

ちょっと待ってください。たとえば、「自分には価値がない」という観念が父親の影響のせいだと気がついても、すぐに「自分には価値がある」という観念に変換するわけではないですよね。

バシャール　先ほど言ったことを、もう一度よく思い返してください。

「自分はこんな観念を持っている」と本当に気づけば、その観念は、もはや持っていないのです。

「自分は価値がない」という観念の特質をその人がまだ示しているとしたら、それは、まだ本人が気づいていないということです。

第2章　運命は、変えられる

「自分には価値がない」という観念に付随する「別の観念」があることにその人は気づいていないのです。
だから、その人はいつまでも「自分には価値がない」という観念を選択し続けているのです。
具体例をあげましょう。いいですか。

健　はい。

バシャール　ありがとう。その女性が「自分が好まない観念を父親からもらった」と気づいたとしましょう。しかし、彼女はまだ「自分は別の観念も持っている」ということには気づいていないのです。
彼女が気づいていない観念の中身は、こんな感じかもしれません。
「自分の好まない観念を父親からもらったと気づいても、決して手放すことはできない。なぜなら、その観念を手放してしまったら、父親に対して敬意を払っていないことになるから」

「もらった観念を手放すことが父親に対して非礼にあたる」という観念のほうが強ければ、そして、父親に対して非礼にあたることはしたくないという思いのほうが強ければ、彼女は父親からもらった観念を手放しません。

その構造に気づいていないので、なぜまた自分が同じ観念を選んでしまうのか、彼女には理解できないのです。

だからこそ、観念の構造を知ることが必要になるのです。

ネガティブな観念は、その観念のいろいろな側面を強化するために、別の観念を利用します。そこにいわゆる悪循環が生まれます。

ある観念に気づいたのに、まだその観念を選び続けていること自体は、実はプレゼントです。それは、「あなたにはまだ気づいていない別の観念がありますよ。その観念を見つけなさい」と教えてくれる《贈り物》なのです。

彼女は、自分が気づいていない観念に全部気づくまで、自分がどんな観念を持っているか見つけ続ければいいのです。わかりますか。

夢を叶える確率は、10歳も、50歳も同じ

健　はい、よくわかります。でも、自分の夢をどんどん叶えて生きている人のパーセンテージが低いのは、それだけ観念のシステムがかけるトリックを、体系的に解ける人がとても少ないということですか。

バシャール　いえいえ、そこがトリックです。
いまの発言自体がトリックです。

　（笑）

パーセンテージなどまったく無関係です。
しかも、その発言の内容自体、正しくありません。
サイコロを例にして説明しましょう。
ほとんどの人々はサイコロを振って、ある特定の数字が出たら、次にその数字

がまた出る確率は変わると信じていますね。
でも、そんなことはありません。変わらないのです。
どの数字でも、その数字が出る確率は毎回サイコロを振るたびに同じです。
したがって、世の中に至福の人生を送っていない人がどれほどいようがいまいが、あなたやその女性が至福の人生を送れるかどうかとは、まったく関係のないことなのです。

みなさんが、確率が変わると信じているのは、次のような考え方をしているからです。
たとえばこの惑星の多くの人は、サイコロで6が出たら、次も6が出る確率は低いと思っています。
たまたま2回目にまた6が出たら、3回目に6が出る確率はもっと低いだろうと思い、さらに3回目に6が出たら、4回目にまた6が出る確率は本当に本当に低いだろうと思うのです。

でも、その考え方は、物理とはまったく無関係です。
サイコロは、サイコロです。

その意味では、サイコロを振るたびに毎回6が出てもおかしくないわけです。「回を追うごとに6が出る確率は低くなるに違いない」と思うのは、集合的な観念システムです。実際の物理原則とはまったく関係ありません。

ですから、いまあげたサイコロの例は、物理に裏づけられたものではなく、みなさんの観念から来ている確率です。

そして、「何があり得て、何があり得ないか」という人間の集合意識に、どの程度あなた自身が合意するか、しないかの話なのです。

これを証明するのがシンクロニシティです。

自分の人生で、驚くべきシンクロニシティに遭遇したことはありませんか。

健　何度もあります。

バシャール　実際にそんなシンクロニシティが起こる確率を計算したら、「そんなことはまず起きるはずがない」というぐらいに低いでしょう。

でも、シンクロニシティは実際に起きています。いつも、起きているのです。

わかりますか。

健　　　　そのとおりですね。ということは、たとえば、自分の夢を叶えることに関して、50歳になったとしても、10歳の人と同じだけの可能性があるということですね。

バシャール　そう、そう、そう。そのとおりです。
　　　　　　毎瞬、毎瞬が、「初めてのとき」なのです。
　　　　　　あなたは、「ビギナーズ・ラック」という言葉をご存じですか。

健　　　　はい。

バシャール　では、それがなぜ起きるか、ご存じですか。

健　　　　いいえ。

バシャール　あることを初めてやろうとする人は、これからやることに対してまったく先入観を持ちません。
　　　　　　自分がいまからやることについて「そんなことは起こり得ない」という集合的

第2章　運命は、変えられる
103

な合意を信じていないのです。

大して何も知らないので、とりあえず自分がやりたいようにやると、まさに「自分の欲しかった結果」が得られます。

それが通常、初めてのときに起きることです。

けれどもし、「2回目、3回目、4回目はこうなるかもしれない」という観念を無意識に持っていると、そこで初めて観念の影響が出てきます。

別に本人の能力が変化したわけではないのに、「能力が変化する」と思い込んでいるので、観念どおりの結果になるのです。

ひとつのことに何度も何度も成功している人は、少なくとも人生のその分野において、「その瞬間」に生きています。

ただオープンで、「それをやることには何の問題もないし、確率も関係ない」と知っています。それで、何の観念も持たず、無心にやり続けているのです。

たとえ何らかの期待を抱いていたとしても、せいぜい、「もう一回成功するだろう」という程度です。わかりますか。

健　　　　　まるで、普段自分がやっていることの解説を聞くようでした（笑）。わかりやすい説明をありがとう。

バシャール　では、これで最後ですが、さっきの観念システムを解いていくことについてもう一度伺います。相当深く見ていかないと、ふつうの人は「自分が無価値だと思うから」という程度にとどまってしまい、「お父さんからもらった」と気づくのも難しいと思うんです。なのに、その先にまだいくつもの観念に気づかなければいけないとすれば、それは、すごく難しいことだと思うのですが。

健　　　　　観念のトリックにやられずに観念を見つけていくのは……。

バシャール　なぜですか？
　　　　　　なぜなら、あなたが「それは難しいのだ」と信じているからです。
　　　　　　ひとつのネガティブな観念を持っていることにいま気づきましたね。
　　　　　　おめでとうございます！

第2章　運命は、変えられる

健　やられたな(笑)。

バシャール　とても簡単でしょう？　ネガティブな観念を持っていることに気づくためには、自分の口から飛び出す言葉を聞けばいいだけなのです。「自分のネガティブな観念を見つけるのは難しい」というのは、絶対的な真理ではありません。ですから、「自分がどんなネガティブな観念を持っているか見つけるのは難しい」という発言自体、そのようなネガティブな観念を持っている結果なのです。

健　そのとおりですね。自分がつくったトリックに自分ではまっている人がほとんどなのでしょうが、これを読んだ方は、簡単に抜けられるかもしれません。役に立つ洞察をありがとう。

バシャール　どういたしまして！

column : Ken's message 2

運命については、いろんな考え方があります。最初からほぼ100パーセント決まっているという人もいるし、まったく自由意思で変えられるという人もいます。自分でもいろいろ試してみた結果、「自分の意志で変えられる」部分と、変えられない部分があるように思います。

バシャールは、生まれる前に大まかなテーマを決めてくる、それが運命だと語っています。でも、それを最初からはっきり意識できる人は少なく、人生でいろんな体験を積み重ねていくうちに、だんだんわかってくるような気がします。

ある本や映画、あるいは人物との出会いが、人生を劇的に変えることがあります。その出会いも運命だったかどうかまではわかりませんが、何かがきっかけとなって思いもよらない変化をとげることが、人生では起きます。

自分の意図とは違うことが起きて、運命が変わることもよくあります。受験や就職のときのトラブルがそうです。当日熱が出て試験を受けられなくなったり、電車の事故で面接に行けなかった、というようなことをよく聞きます。ぼくの人生でも、アメリカに住もうと思ったときは、ビザ取得、会社設立な

ど、すべてがスムーズに行きました。しかし、ビザを切り替えようとしたときには、トラブル続出で、結果的に日本に帰ってくることになりました。

いままで望んだことは、ほぼ叶っているのに、「なぜだろう？」と思いました。でも、直後にサブプライム問題でアメリカが大変なことになり、結果的に損をしないですみました。また、日本ベースでしかできないことがあったり、大切な新しい出会いもあり、結果的には帰ってきてよかったと感じています。

人間の理解を超えた「運命の介入」のようなことは、誰の身にも起きるのではないかと思います。そういうときは、何をやってもダメで、流れに身をまかせなければいけないのかもしれませんね。

みなさんも、運命に関して、不思議なことをいっぱい体験しているのではないでしょうか。

対談の中で興味深かったのは、細かく学びの内容を決めている人と、大ざっぱな人がいるというくだりです。何人か、すごく大ざっぱに決めている人の顔と、細かいリストにして持ってきている人の顔が浮かびました。運命の決め方にまで、性格ってあるのかな!?

第 3 章

お金と豊かさについて

お金は絶えず、動かすもの

健　父が税理士だったので、ぼくは小さい頃からずっとお金に対して興味を持ってきました。お金で不幸になる人、幸せになる人、また、お金持ちになる人、お金に縁がない人の両方を見て、お金と幸せの意味について考えてきました。バシャールから見て、いま地球の人がお金に対して一喜一憂して、笑ったり、悲しんだりしているのは、とてもおかしく(funny)見えるのではないかと思います。

バシャール　はい。ちょっと滑稽(comical)な気がします。というのは、私たちは、お金とは単なる「任意のシンボル」に過ぎないもの、つまり、自分の意識次第でどのようにでもなるものだと理解しているからです。

健　これまで築き上げてきた世界の経済システムがいま崩壊しそうになっています。そんな「いま」という時代のお金の意味について、そして、お金と幸せについてバシャールと話をしたいと思います。

バシャール　わかりました。

お金について、いま人間はなかなかいい距離を保てませんが……。

健　　　　　お金にはできている人もいますよね。

バシャール　中にはできている人もいますよね。

健　　　　　ええ。ただお金に対して、大多数の人は怒ったり、悲しんだり、心配したりしていると思います。

バシャール　それは、みなさんが感情的にどんな状態にあるかを基盤にして、いまの経済制度をつくっているからです。

つまり、みなさんとお金との関係は、ひとりひとりの感情的な状態の反映なのです。

ですから、この惑星の人々が自分自身の価値を認めず、自分という存在を毎日毎日軽んじているとすれば、経済全般が沈滞化してくるのは当然です。

逆に、自分自身の価値を認めると、みなさんとお金との関係もよくなり、お金

第3章　お金と豊かさについて
111

というシンボルの価値が上がります。さらに、「お金以外の豊かさを象徴するもの」の価値も当然上がってきます。

ほとんどの人が、これまでお金に対して、ある特定の定義づけを教えられてきました。

ですから、みなさんはお金とは本来《交換の手段》に過ぎないということを忘れています。

お金は、単なる交換の手段です。

しかしお金の定義づけのせいで、それを忘れがちなのです。

そして、そのことを忘れたために、みなさんの関心は、お金を「持っている」か「持っていない」ということだけに向いてしまっています。

お金が本来は交換の手段であることを思い出せば、お金を「持っている」か「持っていないか」にフォーカスするのではなく、お金を「流すこと」にフォーカスがいくはずです。

健　お金や、そのほかの豊かさの象徴を動かすことが大切なのですね。

バシャール　はい。「持っている」「持っていない」という見方は、静的なものの見方 (static point of view) です。

世の中には、お金をたくさん持っている人がいるように見えます。

しかし、彼らのあり方をよくよく観察してみると、その人たちは「持って」いるのではないということがわかります。

彼らは、実は、たくさんのお金、つまりお金というエネルギーを、自分を通して流し交換しているのです。ただ、お金にしがみついているのではなくて。

お金は交換の手段ですから、必ず何らかの形で絶えず動いていなければなりません。「動いている」ということがカギです。

あなたがやりたいことを充分やれるぐらい、お金や豊かさを象徴するほかのすべてのものを増やすためには、自分を通してそれらの交換の手段を流すことを学ばなければなりません。

それらを「動かす」ということです。

豊かさとは「やりたいことを、やりたいときに、やれる能力」

お金に対する態度や扱い方が静的になったとたん、その量は減っていきます。これは必ずしも、「入ってくるのと同じくらいの速さでお金は出て行くべきだ」とか「入ってくるより早くお金が出て行くべきだ」と言っているのではありません。
はやさの話ではなく、「お金との関係」「お金に対する態度」の話です。お金との関係や態度は「静的」ではなく、「動的」であるようでなければいけないのです。

健　ということは、経済についても同じことが言えると思います。お金がまわり続ける限り経済は上向きますが、お金の流れが止まると急に経済が悪くなる。そういうふうにとらえていいんですか。

バシャール　まさに、そのとおりです。

健　たとえば代々お金持ちで何もしていない人の中には、病気がちな人もいるよう

バシャール　それは傾向というよりは、「教え」の影響なのです。

健　たとえば、どのような……？

バシャール　いま、お金をたくさん相続した人はお金をためこむ傾向があると理解したのですが、それはためこむ「傾向」ではありません。その人たちは、「ためなさい。お金を失わないようにしなさい」という教えを受けたのです。

もちろん、質問に直接答えれば、次のように言えます。

お金に対する態度が「静的」で、お金に対して「持っている」か「持っていない」かだけで考えている場合は、病気や不健全な状態の原因になり得ます。

それは、健康状態だけでなく、経済状態についても同じです。

この惑星のお金に関するさまざまな思い込みや観念、とくにネガティブな観念

第3章　お金と豊かさについて

115

は、怖れを土台にしてできています。たとえば、それはこんな感じです。

「お金には縁がない」
「お金がたくさんあったら、使い道に困ってしまう」
「もし、お金を持ちすぎたらトラブルが起きる」

このように、みなさんの惑星には、お金との関係についてありとあらゆる種類の観念があります。
それらのうち、ネガティブな観念は静的であり、ポジティブな観念は常に動的です。

健　確かに、お金に関して、私たち人間はネガティブな思い込みをたくさん抱えています。ではその一方で、豊かさとは何を指すのでしょう。

バシャール　私たちは、豊かさとは「やりたいことを、やりたいときに、やれる能力」*だと定義しています。

* the ability to do what you need to do, when you need to do it

つまり、「動ける能力」です。

豊かさとは、それに尽きます。

もちろん、豊かさはお金だけでなく、それ以外のたくさんのものに象徴されます。しかし、どのような形の豊かさであったとしても、キーフレーズの「to do」が示すように、そこに「動き」がどの程度あるかで、その人の人生における豊かさのレベルが変わっていくのです。

ですから、ある人が「自分にとっての豊かさとは、こういうものだ」と限定し、特定の形にこだわってしまったら、次のようなことが起こります。
たとえば、「お金や、『特定の豊かさの形』が手に入らなければ、自分はやりたいことができない」という観念が生まれ、「動き」が止まるのです。
すると、豊かさのメカニズム全体が凍りつき、その人のために働かなくなってしまいます。

この考え方を、バイオ(生物)システムを例にして説明しましょう。
生物学的に言う「持つ」「持たない」は、経済的な意味において使われる「持

お金という「作物」を育てるには

健　どう違うんですか？

バシャール　「食べ物」と「食べる」ことの関係を、「お金」の場合と比べてみましょう。

生物学的には、食べることに関して次のようなことが言えます。ある人が食べ物を持っていて、いまから食べると仮定します。誰かがそれを食べようとしているとき、ある意味、その人は食べ物を「持ち続けない意思」があると言えます。

「ケーキを持っているままで、食べることはできない」という表現がアメリカにあるのは、そこから来ているのです。「食べずに置いておいて腐らせる」のか、それとも「食べる」のか。どちらかだからです。

健

ただ、ほとんどの人はそこまでは考えず、おなかがすいたときには、「何か食べたいな」と思い、食事をします。

そして、その食べ物に栄養をもらい、自分のために食べ物を使うのです。

この流れを経済的な視点で見ると、その人は、食べ物を「自分を通して流している」ことになります。

そして、その食べ物を使い終えたら、今度は自分の体の外に流します。

外に出て行った食べ物は「肥料」と呼ばれ、より多くの食べ物を育てるのに使われます。

こうして、食べるという行為を通して、「動き、養分を与え、拡大する」サイクルをつくっているのです。

お金で成功している人は、ある意味、これとまったく同じことをしています。

お金に対して動的な関係を持ち、循環させているのですね。

バシャール

はい。彼らは、ビジネスをしたり、ものを買ったり、投資や寄付をしたりして

第3章　お金と豊かさについて

お金を動かします。「お金の動きのサイクル」の中に自分のお金を流すと、より多くのお金が自分のもとへ戻ってくると知っているのです。

このように見ていくと、お金で成功している人は、「お金のお百姓さん」のような人だと言えるでしょう。

彼らは、お金を育て、お金を使い、さらにまた、お金を育てます。

このサイクルがまわり続け、拡大していくことを理解して、常にお金を動かしているのです。

けれども多くの人は、お金との関係について違う考え方を教えられてきました。そのせいで、ほとんどの人が、植物の種をずっと抱え込み、決して畑に播(ま)こうとしないお百姓さんになってしまっています。

もちろんみなさんは、お金を流そうとしていないわけではないでしょう。しかし、基本的な態度が間違っているので、播いた種の芽が出ないのです。お金に対して停滞的な関係にある人、つまり、お金をためこんで動かそうとしない人は、種は播いたけれども、水をやらず、太陽の光も当てないお百姓さん

健　つまり、種を手放して、種が別のものに育つのを許さない、「種は種のままずっと持っておかなければ」と思っているお百姓さんのようなものなのです。

やはり、お金を上手に流して育てればいいのか。

結局、もっと楽しんでお金とつきあっていけばいいのですね。

バシャール　ええ。たとえばちょっとスナックでも食べるような軽い感覚でお金を扱えば、より多くの人がお金との間に、はるかに健全な関係を持てるようになるでしょう。

実は、ここには、非常に興味深い心理的なメカニズムがあります。お金をたくさん持っていないと思うと、ほとんどの人は自分が搾取されているように感じます。そしてそう感じると、何かしらものを食べたくなるのです。

すると人々は、何かに突き動かされるようにして食べてしまいます。

しかしそのとき、「搾取されている」と感じることから抜け出そうとして食べて

しまうとは、誰も気づきません。

本当はここに、「搾取されている」という感情から抜け出すためのレッスンが隠されているのです。

お金との関係を、作物を育てるお百姓さんのような関係でとらえることができれば、もっともっと多くの人が大きな豊かさを経験することになるでしょう。

トイレ掃除で得るお金、ヘッジファンドで得るお金

健　実におもしろいたとえですね。ありがとう。さて、お金について、違う側面からさらに訊いてみたいと思います。たとえば、パン屋さんやスーパーでは、みな交換の道具としてお金を使っています。健康的にビジネスをするときには、先ほどバシャールが言ったようなお金の流れがあると思います。

でも、たとえば、ヘッジファンドや投機トレーダーのように、右から左に莫大な金額を動かして、お金を儲けるという手法も世の中にはあります。

それがおそらく、お金に対して多くの人が……。

バシャール　それでも、お金が《交換の手段》であることには変わりありません。

健　はい。でも、労働力の対価として見たときに、たとえば、ヘッジファンドで儲けた人は、ごく小さな労力で大金を稼いでいますよね。

バシャール　私たちは、お金が必ずしも労働力の対価であるとは言っていません。お金は、《交換の手段》だと言っているだけです。
ヘッジファンド・マネージャーと言われる人々も何らかの活動はしています。この活動も、広い意味では「労働」です。
彼らが自分のエネルギーを拡大している限りは、ある意味、労働なのです。

健　では、別の角度から訊かせてください。ある人は一日トイレ掃除をして、一年間で、たとえば２００万円ぐらいしか稼げません。一方、ヘッジファンド・マネージャーは２００億円ぐらい稼ぐかもしれません。

バシャール　ええ。それで、ポイントは何ですか？

健　　　　　たぶん、「それは不公平だ」と感じる人は多いと思います。

バシャール　なぜですか？　なぜ不公平だと感じるのでしょう。

健　　　　　トイレで一生懸命働いている人はたいへんです。汗をかいて、一日中働いています。そして、ヘッジファンド・マネージャーはビルの45階の冷房のきいた部屋で……。

バシャール　株式市場が暴落したら、ヘッジファンド・マネージャーは汗をかき始めるのではないでしょうか。

健　　　　　ハハハ、確かにそうですね。

（笑）

バシャール　株式市場が暴落しても、トイレをきれいにするという需要は減るわけではありませんね。なので、トイレを掃除している人は、どんなときでも安心感を持っ

て仕事しているはずですよ。

いま、ちょっと冗談を言わせていただきましたが、私が言いたいのは次のようなことです。

自分のエネルギーを効率的に拡大して、それを自分の豊かさに反映させることは決して悪いことではありません。

「等しくない反映」というものはありません。

何億ドルという非常に高額なお金の取引をしている人は、それだけ高いエネルギーレベルで活動しています。高いエネルギーレベルが反映された取引をしているので、ワクワクし興奮しているのです。

一方、トイレ掃除をしている人が、いやいや掃除しているかといえば、必ずしもそうではありません。

場合によっては、少ない報酬で充分だと思っているかもしれません。

もし充分でないと思っているのであれば、その人が見る必要のある何らかの観念システムがあるということです。

でも、必ずしも全員、充分でないと思っているとはかぎりません。

健　たとえば、本人がトイレ掃除をするのは自分のワクワクに合っていないと思ったら、ワクワクする別のことをすればいいのです。
トイレを掃除するのは好きだけれども、もらっている金額が足りないと思うなら、今度は想像力を働かせて、自分の好きなことがより多くの豊かさを呼ぶにはどうしたらいいかなと考えればいいわけです。
これが、事業の拡大の基礎です。
トイレ掃除からワクワクを発展させて、事業を興していくやり方もあるのですね。

バシャール　そうです。たとえば、「私は、トイレ掃除はそれほど好きじゃないけど、でも掃除するのは好きだ」という人がいたとしましょう。
そうしたら、トイレのかわりに何か別のものを掃除することでよりお金が入るかもしれない、あるいは、人を雇って、もっと大人数でトイレ掃除をすれば、収入がもっと増えるかもしれないと考えることもできます。

いままでお話ししてきたことのポイントは、ふたつです。

まず、ほかの人と比べて劣っているとか、優れているとか、そういう判断をしないということ。

そして、もうひとつは、進んで想像力をふくらませ、いままでのやり方を最善のものにして、より自分が大きな喜びを得られるようにするということです。

みなさんの惑星には、「愛の労働は労働のうちに入らない」という言い回しがあります。

つまり、好きなことを仕事にしている場合は、チャレンジも来るでしょうが、「労働」している感覚はないわけです。まわりから見たら、一生懸命働いていてつらそうだと思われるかもしれませんが。

ですから、自分のやっていることが大好きで、しかも、お金と豊かさに対してポジティブで健全な関係を持っていれば、「働かされている」と感じることなく、さまざまな形の豊かさを自分に引き寄せることができるのです。

アメリカは、デフォルト宣言をするのか?

健 なるほど、よくわかりました。
先ほど自分の価値を認める(appreciate)と、豊かさのレベルが高くなるとおっしゃっていましたが、それについてもう少し教えてください。

バシャール チャネル(ダリル)の文化で appreciation(評価、感謝)という言葉は、単に自己価値を表すだけではなく、実はそのまま「お金が増える(お金の価値が上昇する)」という意味で使われています。
この惑星の言語を見てみると、とくにアメリカの文化で、自分に価値を見いだすことと、貨幣に価値を見いだすことに同じ単語を使っているのです。
これは、非常に興味深いことです。

健 先ほど、世界中の人々が自分たちの価値を認めないから、世界経済も落ち込んでいると話されていましたね。ということは、いまからこのペースでいくと、世界経済は沈む方向に行くんでしょうか。

バシャール　はい。人々が自分の価値を見いだすまで下がっていきます。経済が上向くには、経済が象徴しているものが変わらなければなりません。とくに、お金と人との関係が変わらなければならないのです。

健　それに関して質問があります。いま世界の経済では徐々に紙幣が消滅して、デジタル化しています。しかし、通貨の発行額が実際の物や経済に対してアンバランスなために、新しい貨幣システムに移っていくのではないかという予想があります。

バシャール　そうですね。そういうことが段階的に起きてきます。
いまの制度から新しい制度への置き換えが徐々に行われていくでしょう。
その中で、制度自体はどんどんシンプルになっていきます。
また、最終的には価値の基準が、人の価値や能力そのものに直接置かれるようになるので、価値のシンボルであるお金がいらなくなっていきます。
グローバル社会の中で、一段階ずつ、制度がシンプルになるにしたがって、お

第3章　お金と豊かさについて
129

金とは単なる「任意の象徴」に過ぎないと人々は気づくでしょう。
そして最終的には、お金はいらないと気づくのです。

ある意味においては、すでにみなさんはそれをやり始めています。
たとえばみなさんは、紙幣が本来何の価値もない紙切れだとわかっていますね。
あるいは、クレジットカードが単なる一片のプラスチックに過ぎないということも知っています。
そのうえで、「これには価値がある」と、ただ言っているだけです。

これと同じようなことが過去にも行われてきました。
たとえば、金やダイヤは基本的には「石」です。
その石に「価値がある」と言ってきたのです。
あなたにだって、同じように価値があります。
そしていまは、価値のあるものが石から「紙」と「プラスチック」になっただけです。

現在、そろそろ電子シンボルにも価値が移されようとしています。

いま貨幣の交換は、コンピュータの中の1と0の世界で行われています。デジタル世界では、想像上の数字のやりとりが行われているだけです。

最終的には、みんなが、「これは単なるゲームだ」と気づき、お金やダイヤモンドや電子シンボルが単なる任意の象徴に過ぎないと理解するので、それらの象徴はいらなくなります。

たとえば、すごく具体的な(concrete)話を訊いてみたいんですけれども……。

バシャール　コンクリートについての質問ですか？

（笑）

日本の友人から、ぜひ訊いてくれと頼まれた質問で、ぼくも興味があることです。いまアメリカの国債発行額がとても大きくなってきて、返せないんじゃないかという憶測があります。そして、2010年以降、オバマ大統領がデフォルト宣言(債務者が債務不履行を宣言すること)を出して、いままでの借金は全

第3章　お金と豊かさについて

バシャール　それは、ひとつのシンボルを別のシンボルに置き換えているだけですね。

健　はい。たとえば、中国やいくつかの国は、ドルを売って、金のほうに移っているというような情報があります。

バシャール　はい、それで？

健　ずばり、アメリカでデフォルト宣言が出されるような可能性はあるのでしょうか。

バシャール　どんなことでも可能性はありますが、みなさんの惑星の具体的な政治的活動についてコメントすることは許されていません。

部払わないと言いだす可能性もあるのではないかという意見があります。それで、ドルを金や実物資産に買い替えることが、いま一部では行われているようです。

健　では、こんなふうに訊かせてください。あまりにもいま、私たちはお金に価値を置きすぎているので、その価値をお金から引きはがす段階で、たくさんの痛みや混乱などの外科手術のようなものを経験しなければならないのでしょうか。

バシャール　ポジティブな状態にあれば、誰もそのような痛みをともなうプロセスを経験する必要はありません。
　　また、お金から価値を「奪いとる」のではありません。別のものに価値を「与える」のです。
　　豊かさを象徴する何かほかのものにお金と同じくらいの価値を与え、あなたにとって最良の形で豊かさが働いてくれるようにするのです。
　　そうすれば、このプロセスに痛みはともなわないでしょう。

豊かさのメロディを奏でよう

健　よくわかりました。では今度は、お金の未来について訊いてみたいと思いま

バシャール　まず覚えておいていただきたいのは、未来はひとつだけではないということです。「いろいろな未来の可能性がある」わけですから、「これが未来の予言だ」というものもありません。
ですから、いまこれから話すのは、ひとつの可能性だと思ってください。
　お金の未来は、どうなっていくのか。消えてしまうのか、それともまだしばらくは必要なものなのか。そのあたりはどうでしょう？

健　はい、わかりました。もし人類の意識が進化していったとしたら、お金に対する執着はどんどん減ると、ぼくは思うのですが。

バシャール　ええ。「豊かさの唯一の形態はお金だけである」という考え方に固執しなくなるでしょう。しかしそれでも、お金が豊かさを表すひとつの形態だということが変わるわけではありません。
　執着が減るといっても、お金の価値がまったくなくなるわけではないのです。
　お金に対する執着が減るということは、豊かさを象徴するすべてのものの価値がお金と同等になるということです。

豊かさを象徴するすべてのものに同じ価値が与えられ、そして、人々との関係がポジティブで動きや流れのあるものであれば、お金やいろいろな形の豊かさが、みなさんの生活の中でより増し、拡大していきます。

では、音楽を例にして、豊かさについて説明しましょう。

みなさんの惑星にはピアノと呼ばれる楽器がありますね。ピアノで曲を演奏するにはいろいろな鍵盤を叩いて、いろいろな音を出します。そして、さまざまなメロディや楽曲をつくって演奏することで自分自身を表現していきます。

みなさんの惑星でお金に対して停滞した関係にある人は、たとえば、ピアノの前に座って、ひとつの鍵盤だけをずっと叩いているようなものです。

（バシャール、ひとつの鍵盤を叩き続けている音を出す。

トントントントントントントントントン……）

つまり、豊かな旋律や、美しいさまざまな音が、まったく表現されないで終わっていることになります。ピアノがメロディを奏でず、ずっと単音なので

す。このたとえがわかりますか。

健　はい。ぼくもお金から自由になって、育児のために仕事をセミリタイヤするまでは、人生の音の違いに気づきませんでした。雑音のない人生を生きだしてはじめて、自分が「ビジネス、お金、忙しさ」というとても単調な音の世界に生きていたことに気づきました。でも、たぶんほとんどの人たちは、ほかにたくさんのメロディがあるということに意識がいかないんじゃないかと思います。

バシャール　でも、このくだりを読めば気づくと思いますよ。

健　（笑）

本当にそうですね。これは、大勢の人の役に立つと思います。

バシャール　私たちがこのように交信をしている理由は、この惑星の人々に対して、「違う見方や考え方がありますよ。違う定義づけができますよ。違う選択肢があります

健

よ」ということをわかってもらうためです。
私たちがいまやろうとしているのは、「トントントントントントン……」から「ジャジャジャジャーン」に行くための手助けなのです。

（笑）

それは楽しそうだ。ぜひ、ぼくもいろんな音やメロディを演奏できて、楽しめるような仲間を増やしたいと思います。

column : Ken's message 3

バシャールとの対談で、個人的にワクワクしたときのは、お金のことについて語りあったときです。お金は、ぼくたちの人生の大部分に深く関わっているのに、健康的につきあえている人はごくわずかです。

「お金はエネルギーで、うまくまわせる人が豊かになる」という考え方は、自分自身でも言ってきたことですが、バシャールの口から同じような言葉が出てきたのにはびっくりしました。宇宙人でお金は使ったことがないはずなのに、よく知っているんですね（笑）。

「お金を育てる」という感覚は、まさしく経済的に自由な人が持っている感覚です。人生でたくさん与えたら、自然にその分が返ってきて、そのお金をまた上手に育てていく。そういう人は、必ず豊かになります。そのメカニズムをバシャール的に説明してもらった感じがします。

この10年ぐらい、未来のお金がこうなっていくという自分なりのイメージをはっきり持つようになりました。人類の意識が進化していくにつれ、お金から自由になっていく人が増えていくと思いますが、その前に、いまの資本主義のしくみが崩れるでしょう。

その混乱が静まった後に、どのような世界をつくっていったらいいのか、そ
れに、ぼくはいま一番興味があります。

お金の未来について、具体的なことをあらゆる角度でバシャールに訊いてみ
たのですが、やはりうまくはぐらかされました。でも、政治や経済システムの
未来、日常生活にまでコメントをすることが、人類の自由意思に反するのは理
解できます。未来の経済をどうしていくのかは、私たちに100パーセント選
択肢があり、自由があるわけで、ひとりひとりの意識が決めることになるので
しょう。

個人的には、バシャールと話している間に、お金から自由になって、人生を
楽しむ人が増える世界のイメージがよりクリアに見えました。いままでお金に
見ていた価値は幻想だったとわかって、「自分が何をしたいのか」に意識が向か
う人たちが大勢出てくるのでしょう。

「お金から自由になる世界」の可能性がリアルに感じられて、すごくワクワク
してきました。

第3章　お金と豊かさについて

第 4 章

ソウルメイトと
コミュニケーションについて

ソウルメイトに最短で出会う方法

健 　パートナーシップについて訊きたいと思います。男女関係はもちろんですが、男性同士、女性同士という広い意味でのパートナーシップについても訊かせてください。
　私たちが抱えている人生の問題の多くは、お金やパートナーシップ、健康などの分野にあります。お金についてはすでにお話ししていただきました。そこで、次は……。

バシャール 　その前に、ちょっと説明させてください。

健 　どうぞ。

バシャール 　人間が体験している、お金、パートナーシップ、健康に関する問題の根っこはすべて同じで、「怖れ」です。
　みなさんが体験する、あらゆる領域のあらゆる問題の根本は、怖れなのです。

142

健　　怖れと、怖れによって体験する分離感から来ています。では、続けてください。

多くの人が、パートナーシップに対していろいろな悩みを抱えていると思います。その中で、読者の方が一番訊きたいことはこれだと思うんですが、ソウルメイトというか、素晴らしいパートナーはどのようにして見つけたらいいんでしょうか。

何かいい方法はありませんか。「バシャール結婚相談所」とか(笑)。何かいいアイデアやヒントがあったらください。

バシャール　聞きたいですか？

健　　もちろんです。

バシャール　本当ですか？

（笑）

第4章　ソウルメイトとコミュニケーションについて

まず人間関係の目的を理解しなければなりません。どんな間柄であっても、人間関係の目的は全部同じです。すべての人間関係において、あなたの相手となる人は、あなたがより自分らしくなっていくための「鏡」として存在しています。

みなさんが「ソウルメイト」と呼ぶ相手を見つけるもっとも簡単な方法は、まず何をおいても、自分自身との関係を強化することです。

たとえば、「パートナーがいないから自分には価値がない。自分には何か欠けているんだ」と思ってパートナーを探すと、その「欠けている」とか「価値がない」という感覚を反映するような相手を引きつけることになります。

けれども、あなたの中にある本当の喜びや情熱を追求して、ひとりでいても満たされている状態になると、そのレベルの喜びやハーモニー、満たされた感覚などを反映する相手を引き寄せられるのです。

この惑星の人は、ときに自分が好まないような周波数の人を引きつけることもありますが、それは、「自分はこういう波動を好まない」ということを学び、ど

健　先ほどの自分自身との関係を強化するとは、具体的にはどんなことでしょう。のような波動が好みなのかということをはっきりと知るためです。

バシャール　それは、「自分の物質次元の意識と、高次の意識のバランスをとる」ということです。

ソウルメイトを引き寄せる前に、ふたつの意識のバランスをとって、まず自分自身との関係を完全なものにする必要があります。

この惑星の多くの人がソウルメイトを理想化し、ロマンチックなものとしてとらえています。

しかし、いま関わっている人がどんな相手であろうと、自分が学ぶべきことをその人から学んでいる限り、少なくとも関わりのある期間中は、その相手は「ソウルメイト」なのです。

みなさんは、そこをまったく見過ごしています。

健　そうか。ソウルメイトとは学びの相手なのですね。

第4章　ソウルメイトとコミュニケーションについて

バシャール　たとえばある人が、ソウルメイトとして関わる相手を引きつけたとしましょう。でも、その相手との間でまったくチャレンジがなく、学びや成長がないかというと、決してそんなことはありません。

また、あなたがどんなに成長したとしても、さらなる学びや成長は、まだまだたくさんあります。

ソウルメイトは、「自分の成長をさらに助けてくれる人」なのです。

もっと厳密に言えば、私たちは「自分自身との関係が完成されていなければ、ソウルメイトを引き寄せられない」と言っているのではありません。

でも、少なくとも、「自分自身との関係を完成させたい」という意思がなければ、その部分においてあなたを助けてくれるようなソウルメイトを引き寄せることはできないでしょう。

ですから、自分との完全な関係を持つことに抵抗していると、ソウルメイトが現れるのをはばんでいることになるのです。わかりますか。

「男運」「女運」は、存在する?

健 はい、わかりやすい説明をありがとう。ところで、日本には、男運がない、女運がないので一生独身だというような考え方があります。スピリチュアルなレベルから見て、今回の人生ではシングルでずっと過ごすように決まっている人もいるんでしょうか。

バシャール はい、ときにはそういう場合もあります。そういう人生を選ぶ魂もあります。

健 でも、本人がパートナーが欲しいと心から思ったら、それを変えることはできるのではないかと思います。実際はどうなんでしょう?

バシャール もともとの計画の修正はできます。その人が今回どんなテーマを探究しようと決めてきたかにもよりますが。

第4章 ソウルメイトとコミュニケーションについて

ただし、「なぜ修正したいのか」はクリアに見る必要があります。人によっては、怖れから計画を修正したいだけかもしれません。必ずしも、「これが自分の本当の目的でありテーマだ」と思って、修正したいのではないかもしれないからです。

また、パートナーを得ることを最終目的にしてしまうと、多くの人が混乱します。それは、ゴールではありません。

本当の自分とつながって、情熱を行動に移していれば、その結果としてパートナーとは自然に出会えます。

本当の自分とつながって、ソウルメイトを引き寄せるエネルギーが自分の中にあることを知り、真実の喜びを心から表現していれば、ソウルメイトを引き寄せることをゴールにしなくてもよくなるのです。

そういう人は、ふさわしいタイミングでソウルメイトと出会えることを知っているからです。

皮肉なことに、みなさんがソウルメイトを必死になって探せば探すほど、ま

た、ソウルメイトを見つけるのをゴールにすればするほど、実際にソウルメイトが現れるまでに時間がかかってしまいます。

健　なぜなら、先ほど言ったように「ソウルメイトがいない私には何かが欠けている」と思って一生懸命探すのですから、「欠けている」という波動が外に出て、欠けていることを反映した現実が訪れるのです。

ということは、いまの自分にすごく満足して、大好きなことをしながら充実した人生を送り、是が非でもパートナーが欲しいという気持ちを手放せば、相手はスッとやってくるということでしょうか。

バシャール　一般的にはそうです。

その人が、パートナーを見つけないという選択をしているのでなければ。

けれども、そういうケースはごくまれです。

なぜなら人生とは、本来、さまざまな関係を結び、さまざまなものを反映させることによって成り立っているのですから。

第4章　ソウルメイトとコミュニケーションについて

健　誰もが、より真実の自分になっていくことを学ぶために、最適な相手を引き寄せる能力を持っているのです。

なるほど。その能力を使えばいいのですね。ところで、エササニ星（バシャールの住むオリオン座近くの惑星）では、すべての人がすべての人とつながっていると聞いたんですが、そうなんでしょうか。

バシャール　私たちは全員テレパシーでつながっています。みなさんの惑星でも、全員が全員とつながっています。それをいつも認識できるわけではないだけです。

みなさんとの違いは、私たちは「全員がつながっていると認識できている」ということ、そして、「その認識を土台にした行動をとっている」ということです。

感情は、警報システム

健　つながりが認識できていないのは、たぶん人間がさまざまな感情をクリアにで

きていない、癒せていないからではないかと思います。

バシャール　そうです。
いろいろな怖れがあるために、みなさんには、自分との分離感、つまり、自分とつながっていないという感覚があります。自分に対して分離感を持ってしまうと、自分以外の人ともつながりを感じるのが難しくなるのです。

健　その分離感が、嫉妬や競争や罪悪感などを生んでいるのではないかと思います。

バシャール　はい、ネガティブな感情ですね。そうです。

健　確かに、自分の体験でも、いい感じで自分の内面とつながっているときはすごく調子がいいんですが、ふとした拍子に、何か自分の本質と切れてしまったような感じがすることがありますね。

バシャール　私たちは、「実際に分離がある」と言っているのではありません。

健

というのは、実際に自分とつながっていないことは不可能だからです。

私たちが言っているのは、みなさんが「分離感を自分でつくってしまう」、あるいは、「分離しているという幻想を抱く」ということです。
実際に分離しているわけではありません。

逆説的ですが、もし実際に《創造(creation)》から切り離されてしまったら、あなたは「自分が切り離されている」という幻想すらつくれなくなります。
なぜなら、《創造》から切り離されてしまったら、みなさんは、もはや存在できないからです。

視点を変えると、とても貴重な学びが得られます。
分離体験をつくりだす力があなたにあるということは、あなたが実際には「自分から分離していない」ということになります。
その気づきをあなたの意識の中に統合すると、分離感はなくなるでしょう。

たぶんそのためには、いろいろな感情を個人レベルで癒していくことが必要だ

と思います。感情を癒すにはどのようなことをすればいいんでしょうか。とくにネガティブな感情を癒すには？

バシャール ネガティブな感情は、統合すること、変容することによって癒すことができます。

そして、ネガティブな感情は、「真実ではないことを真実だと思い込んでしまうことの副作用なのだ」とわかれば癒せます。

感情は、観念が生み出す「副作用」です。

また感情は、あなたが「どんな観念を本当だと信じているか」ということを知らせる《警報システム》なのです。

ある感情を癒し変化させるためには、その感情が自分の中にあると認めること、そして、その感情が存在するのには、ちゃんと理由があると受け入れることです。そのうえで、その感情の裏にはどのような観念があるのかを見ていきます。

許しが生まれるメカニズム

健　では、それと関連して「許し」について訊きたいと思います。たとえば、自分が被害者だと思っているときは、「被害者である」というネガティブな観念を癒すことによって許しが起きると思います。同じようにしてネガティブな感情を癒すと考えていいんでしょうか。

観念がなければ、感情は経験できません。ある感情を体験しているということは、その感情をつくっている観念があるということです。
ですから、その観念がどんなものなのかを見つけて確認し、その観念を変えると、感情は自動的に変わっていくのです。

バシャール　そうです。
許しとは、言い換えれば、起こったことを個人的にとって自分のせいだと思い詰めないこと、そして、自分を責めないということです。

健

でも、たとえばぼくの場合だと、父親がアルコール中毒で小さい頃からよくなぐられました。ずっと、暴力があったわけではありませんが、機能不全の家庭に育つことで、大変な思いをしました。一般的にそういう体験を個人的なものとしてとらえないというのは難しいと思います。
あるいは、誰かに危害を加えられたり、レイプされたり、物を盗られたり、自分の境界線や安全、大切にしているものを踏みにじられたと感じるときに、個人的にとらえないのはすごく難しいと思うんですが。

バシャール

ええ、そうかもしれないし、そうでないかもしれません。
しかし、許すからといって、相手の行為をよしとするわけでも、その行為に対する相手の責任がなくなるわけでもありません。
「責任」と「許し」は、別のものです。

許しとは、「その状況を正しく理解する」という行為です。
そして、「その状況に対する判断をゆるめる」ということです。
たとえば、誰かを虐待する人がいるとします。
また、誰かにネガティブな行動をとる人がいるとします。

第4章 ソウルメイトとコミュニケーションについて

そんな行動をとる理由は、その人自身も怖れによって、「自分は分離している」という幻想を抱いているからです。

覚えておいてください。
自分自身から分離しているという幻想を体験しているときには、他者とつながり、健全な関係を結ぶことはできません。
けれども、誰かとつながること自体はとても大事なので、本人は何とかしてつながろうとします。

しかし、その人は相手とつながるポジティブな方法を教えられていないために、自分が教わってきた、唯一知っているネガティブな方法を通してつながろうとしてしまうのです。

虐待をくりかえす人は、それ以外の方法を知らないのです。
それがわかれば、虐待されても「個人的なこと（personal）」にとる必要がなくなります。相手は、ある種、壊れてしまっている人なのだと理解できるようになるからです。

健　　　　　そうですね。よくわかります。

バシャール　こんなふうにたとえてみましょうか。

戸棚の中に陶製のティーポットがあるとします。
地震が起き、ティーポットが床に落ちて粉々になりました。
あなたは、その粉々になったティーポットを見つけ、かけらを拾おうとして手を伸ばします。
そのとき、とがったかけらで指を切ってしまったとしましょう。
あなたは、それを自分のせいだと思いますか。

健　　　　　痛いけど、もちろん、個人的にはとらえませんね。

バシャール　同じことなのです。
その人は壊れたティーポットと同じです。
その「壊れたティーポット」とやりとりをするとき、あなたは手を切るかもし

第4章　ソウルメイトとコミュニケーションについて

れません。

しかし、それは「あなたのせい」ではないのです。

「壊れたティーポットに触れると、ときどき指を切る」というだけの話です。

壊れたティーポットは修理できるかもしれないし、できないかもしれない。

でも、この状況をあなたのせいではない、つまり、個人的にとらえなくてもいいということはわかりますね？

ですから、虐待をする人、怖れている人、機能不全の人を、壊れたティーポットだと思えば、ときどき指を切っても自分のせいだと思う必要はなくなります。

もう一度くりかえします。

許しとは、「パーソナルにとらないこと」、そして、「批判をゆるめること」です。

だからといって、相手の責任がなくなるわけではなく、その人は自分自身を修復する方法を自分で見つけなければならないのです。

あなた自身は、相手を許すことでエネルギーがリラックスするので、もしかしたらその人を助けてあげられるようになるかもしれません。

そして何より、自分自身を助けてあげられるのです。

健　いまのたとえでわかりましたか？

とても納得がいきました。自分の父親が壊れたティーポットだということもよくわかります。彼は抱きしめるかわりに、彼の父親からされたようになぐることでしか、自分の息子とつながることができなかったんですね。

バシャール　そうです。なぐることがお父さんの教わった唯一の方法だったので、彼にはそれしか考えられなかったのです。
でもそれは、あなた個人とはまったく無関係です。

健　はい。でも、それを本当に理解して父を許すには20年ぐらいの時間がかかりました。それでも、父を許し、受け入れることができたことによってすごく楽になったし、ぼくにとてもたくさんの癒しをもたらしたと思います。そういうことをバシャールはいま言っているんですね？

第4章　ソウルメイトとコミュニケーションについて

バシャール　イエス！

健　　　　許しに関して素晴らしい洞察をもらいました。ありがとう。

バシャール　どういたしまして。

変わるのは世界ではなく、あなた自身

健　　　　さて、次の大事なテーマに移りたいと思います。ぼくのライフワークは、「すべての人が大好きなことをしていくのを応援する」ことです。もし、地球にいるすべての人が、大好きなことをして生きていけたとしたら、どんなに素晴らしいだろうと、いつも思っています。

バシャール　それには、「奉仕」と「サービス」がカギになります。
個人が全体に対して奉仕すると、全体が個人を奉仕することになります。先ほど私たちの社会について話しましたが、その状態を体験するためには、個人と全体が完全に調和のとれた関係にならなければなりません。

いま、みなさんの惑星では、さまざまな国の間でさかんに交流が行われ、エネルギーが交換されています。それには、地域や文化間の調和をとるという目的もあるのです。

　たとえば、日本の文化では「集合」という概念が非常に尊重され、アメリカの文化では「個人」が非常に尊重されます。このふたつの社会が積極的に交流することで、両者のバランスがとれていくのです。

健　「100匹目のサル現象」といって、ある一定数のサルが芋を洗いだしたらすべてのサルが芋を洗いだしたという話があります。

　それと同じように、一定数の人たちが大好きなことをしていって、ある瞬間、クリティカル・ポイント（臨界点）を超えると、一気に全員が好きなことをやりだすとイメージしているんですが、どうでしょうか。

バシャール　それは、結果として見られる現象の話をしているに過ぎません。

　覚えておいてほしいのは、あなたが人を変えるのではなく、すでに変わった人々がいる周波数の世界に、自分がシフトしていくのだということです。

第4章　ソウルメイトとコミュニケーションについて

健　（笑）

バシャール　ということは、ある意味では、自分の最高の波動を思い出すことが、みんながそこに行く手助けをすることにもなるわけですね？

しかし、相手側が必ずしもそれを選択する必要はないのです。

ひとりの人が高い波動を発信することで、ほかの人にもその波動が手に入りやすくなります。

臨界点を超えたとき、あなたは古い世界が変わったのを見ているのではありません。

新しいパラレル・リアリティを見ているのです。

すべてのサルが芋を洗いだしたとしても、同時に古い周波数のパラレル・ワールド（多次元に存在する並行世界）も存在しています。

そこにはまだ洗われていないドロだらけの芋がたくさんころがっているのです。

健　　　古い世界も依然として存在しているのですが、あなたからは見えなくなっているだけなのです。
　　　サルが座って芋をただ見つめている世界も、まだ存在しているのです。

バシャール　はい。

健　　　たとえばぼくの中では、地球上のすべての人が好きなことをして正直に生きているのが非常にクリアに見えています。
　　　そして同時に、自分のごくごく身近で、小さな規模ではそれが実現しつつあると感じています。

バシャール　けれども、地球全体がそのようになるには、やはり多少時間がかかるのかなと思っています。

健　　　ある意味ではそうです。
　　　でも、くりかえしますが、まだ古い世界の質問のしかたをしています。

第4章　ソウルメイトとコミュニケーションについて

世界は変わりません。
あなたが変わるのです。
あなたが、すでにそのような状態で存在している世界に行くだけです。

健　ということは、すべてが自分次第だということですか？

バシャール　すべては、あなたの波動によってつくられたものです。
その波動を、より反映している現実に行くのです。
けれども、古い波動の現実もまだ存在しています。
しかし、あなたがその中でもうプレイしていないというだけです。

新しいマスクを選べば、現実は変わる

健　たとえばぼくの例でいうと、父親になぐられてすごく傷ついた過去も、いま同時に存在しているということですか。

バシャール　では、もっと正確にお話ししましょう。

あなたが古い世界でプレイをしていないということすらあてはまっていません。

正確には、あなたは古い世界で一度もプレイしたことがないのです。

新しい世界にいる「このあなた」は新しい世界だけにいるので、古い世界にはもともと存在していなかったのです。

「古いあなた」だけが、古い世界で生きています。

いろいろなパラレル・ワールドは、ちょうどマスクのようなものだと思ってください。

あなたの意識が深いところで変わると、それまでつけていた仮面が新しい仮面に変わるのです。

古い仮面はまだ存在していて、何も変わっていません。

新しいマスクは、あなたがそれを顔につける前からすでに存在していました。

古いマスクが、新しいマスクに変化したわけではありません。

両方のマスクが同時に存在しているのです。

新しいマスクは古いマスクの世界に存在していたこともないし、また古いマスクは新しいマスクの世界では決して存在し得ないのです。
あなたの意識は、かつては古いマスクを通して見ていました。
しかし、いまは新しいマスクを通して世界を見ているのです。

健　自分が変わるとは、古いマスクをはずして、新しいマスクをつけるということなのですね。

バシャール　そうです。もっと細かくお話ししましょう。
みなさんの高次の意識は、常に「すべてのマスク」を通して見ています。
変わったように見えている世界は、「物質次元の意識がフォーカスしているところ」だと考えてください。
それは、『現実』をクリエイトする自分」と言い換えることもできます。
古いマスクを通して見ていた自分の意識が、今度は新しいマスクを通して見ようかなと決めたとしても、古いマスクにも自分の意識の一部は残ります。
なぜなら高次の次元では、完全につながりを切ることは不可能だからです。

健

その次元から見れば、すべてのマスクは同時に体験されています。

しかし物理次元では、あなたが意識のフォーカスを変え「古いマスクから新しいマスクにつけ換えた」ということになります。

ある意味、一度溶けて、また結晶化しているようなものです。

けれども、古いマスクと古い世界は、そのまま残っています。

わかりますか。

はい。では、これが正しいかどうか訊きたいんですが……。

たとえば、いますごく幸せな自分がいます。けれども、過去にはとても不幸で、父親になぐられ、おびえて生きていたぼくがいます。しかし、いま幸せな自分から過去を振り返ったときに、父親との幸せな思い出がいっぱいよみがえります。いま幸せなぼくは、なぐられた自分ではなくて幸せな過去を持っている感じがするんです。

そして、未来に関して言うと、いまの素晴らしい状態の延長線上には幸せな未来がつくられていく感じがします。そして、これが同時に起きている感じがします。

第4章 ソウルメイトとコミュニケーションについて

バシャール　だからこそ「未来の自分」「現在の自分」「過去の自分」は、実は3人の別々の人間なのです。

いまあなたは「幸せな自分」と言いました。

その「幸せな自分」は一度も「不幸な自分」ではなかったのです。

文字どおり、違う現実に生きていた「違う人間」なのです。

不幸だったあなたは、現在のあなたと同時に存在しています。

でも、「このあなた」は「あのあなた」では一度もなかったのです。

また、「あのあなた」は、決して「このあなた」ではないし、これからなることもありません。

あなたは根本的に自分の周波数を変えたので、「いまの自分」をつくることができました。

「いまのあなた」は「あのときのあなた」とは別の人です。

高次の次元では、ふたりの「あなた」は同じですが、物質レベルでは「このあなた」と「あのあなた」は別なのです。わかりますか。

健　とてもよくわかりました。
　　ああ、そういうことなのかと腑に落ちた感じです。

バシャール　すでにみなさんが知っていることをもう一度説明させていただきました。ありがとう。

　みなさんが私たちとやりとりをしているときは、実は私たちの仮面をつけている自分自身のハイアーセルフとのやりとりをしているのです。

　おっ、ちょっと秘密を言ってしまいました。

（笑）

column : Ken's message 4

あなたの人間関係をよく見ていくと、そこには「縁」というものの存在が感じられるのではないかと思います。

たとえば、小学生のときに、家に帰る方向が同じだという理由で仲良くなった友だちはいませんか？　また、大学時代に、同じクラスになって、サークルも同じという理由で親友になった人もいるでしょう。

結婚している人は、どういうことがきっかけで相手と出会ったかを思い出してください。その日、友人のパーティーに行かなかったら、電車が一本遅れていたら、違う英会話学校に行っていたら会えなかったのです。それを考えると、あり得ない確率でいまのパートナーと出会っているわけですね。

いまパートナーを探している人は、バシャールも言っているように、自分としっかりいい関係を持つことが、カギだと思います。あと、「ひとりでいても充足して、幸せにいられること」は、パートナーがいても、いなくても大切だと言ってましたね。確かに正論だけど、人間としては、「ひとりだと寂しい。だから、誰かと一緒にいたい」という感情も大事だと思います。

バシャールと話していて、ときどき「そうは言うけどさ、人間には感情って

ものがあってね……」と言い訳したくなる自分がいました（笑）。読者のみなさんも、ぼくたちのやりとりをお読みになって、同じように感じたかもしれません。

ティーポットの話も参考になりました。よく見ると、世界中が割れた破片だらけで、みんな傷ついているなとも思いました。中には、パレスチナのように、ずいぶん昔に割れた破片で、長いこと傷ついたままの地域もあります。人類が進化して、許し合えるのは、いつ頃になるのでしょうね。

その前に個人、地域レベルの癒しが先だと思いますが、ちょっと気が遠くもなりました。ぼく自身、壊れたティーポットと長く同居して、本当に大変だったことを思い出しました。

同時に、バシャールと話していて、すべての人が幻想から出て、おたがいを純粋な愛情と友情で認め合う世界も垣間見られた感じがします。

また、ソウルメイトの話はとくにおもしろかったですね。ロマンチックな関係だけでなく、人生について学びあう仲間という点では、この本をお読みになっているあなたとぼくもソウルメイトです。同じ時代に生きて、ワクワクに興味を持ち、バシャールのメッセージに惹かれているのですから。

第4章　ソウルメイトとコミュニケーションについて

171

第 5 章

私たちの未来、
分離していくリアリティ、
2012年

経済危機の、本当の名前とは

健　いま経済不況やインフルエンザの流行などで、日本だけではなく世界中で大混乱が起きていて、未来に対してなかなか希望を持ちにくい時代です。ですから、これからの世界がどうなるのか、どんなふうにこの時代を生きていったらいいのかについてお訊きしたいと思います。とくに、去年から経済危機が訪れて、世界各国の経済が相当ダメージを受けています。バシャール的に見ると、いま何が起きているんでしょうか。

バシャール　まずはじめに、「経済危機」と呼ぶかわりに「経済的チャレンジ」と呼ぶことをおすすめします。

「危機」と定義してしまうと、危機として体験することになるからです。

「チャレンジ、挑戦」と定義すると、出口をつくることができます。わかりますか。

健　ええ。確かに、いま大きなチャレンジの中にいます。

バシャール

そうです。みなさんは、いま変化の真っ只中にいます。

そして、世界全体を定義し直しています。

これからどのような未来が欲しいのか、決めているところなのです。

古い世界から新しい世界へ変化していくには、ふたつの選択肢があります。

ひとつは、この惑星のひとりひとりが「自分にはポジティブな変化を起こすことができる」と気づくことです。それができれば、その変化をより早く引き起こすことができます。

そして、その変化はスムーズに、またすみやかに進んでいきます。

けれども、怖れから古い考えにしがみつき、ポジティブな方向に変わる選択をしない場合は、もっと怖ろしい形でその変化を体験するかもしれません。

みなさんの意識の進化は、ふたつのレベルで並行して起きていると思ってください。

ひとつは物質次元の意識レベル。

そして、もうひとつは高次の意識レベル。

健

このふたつが同時に拡大し進化していきます。

成長のためには、ふたつのレベルで意識が進化していかなければなりません。

たとえば、物質次元の意識に怖れがたくさんあり、ポジティブな形で進化をするのをこばんでいたとします。それでも、宇宙の叡智とつながっている高次の意識が拡大していくことは可能です。

しかし、物質次元の意識はとり残され、そこにとどまってしまいます。物質次元の意識が怖れにとらわれて進化をこばむと、その人の成長に必要な変化を遅らせてしまうのです。

しかしながら、物質次元の意識がそこにとどまり続けても、高次の意識は拡大、進化をし続けます。高次の意識の進化を永遠に食い止めておくことは不可能です。

成長するためには、物事は遅かれ早かれ、変化しなければならないのです。

物質次元の意識を進化させるためにできることは、何でしょう。

176

バシャール 少しでも早く、ただシンプルに「変わろう」と選択することです。

すると、高次の意識とつながり、物質次元の意識も進化します。

それで、早く、簡単に、変化することができるのです。

そこで初めて、必要な変化が起きるのです。

しかし、高次の意識の進化に対して、物質次元の意識がいつまでも、抵抗して、抵抗して、抵抗し続けると、物質次元の意識は、いずれは現実の崩壊を体験することになるでしょう。

現在の世界的な経済変化を「危機」としてみなさんが体験している唯一の理由は、このふたつの意識レベルのズレにあります。

高次の意識の成長に追いつくためには、物質レベルの意識がもはや猛スピードで変化するしかありません。

つまり、いままでの古い体制が非常に速いスピードで崩壊する必要があるのです。

健　そうか。いまの経済的な混乱は、物質次元の意識が怖れにしがみついているために起こっているわけですね。

バシャール　そうです。物質次元の意識が少しでも早く怖れや古い観念を手放して高次の意識とつながれば、みなさんは、ポジティブな形でスムーズにこれからの変化を体験できます。

みなさんが、古い体制を新しい体制に早く置き換えられれば、その分だけ早く、この体制が崩れ去った後の変容をスムーズに体験できるのです。

ですから、物質次元の意識を進化させるために、みなさんに最初にできることは、いまの状況を「危機」として定義するのではなく、物質次元の意識と高次の意識がつながる「チャンス」ととらえることなのです。

そうすれば、ふたつの意識がより深くつながっていきます。

同時に、高次の意識は、さまざまなひらめきや直感を送り始めます。

すると、物質次元の意識が刺激され、新しい体制をつくりだすアイデアが生ま

れるので、非常に早く古いシステムと置き換わることになるのです。わかりますか。

新しい社会システムの青写真

健　なるほど、よくわかりました。では、よかったら新しいシステムのイメージを教えてもらいたいのですが。

いま資本主義が行き詰まりを迎え、まさに新しいシステムが必要な時代になっています。でも、ほとんどの人には資本主義の次の可能性が見えていません。だから、つい過去にしがみついてしまうのだと思います。資本主義に代わる新しいシステムには、どういう可能性があるんでしょうか？

バシャール　まず、先ほども言ったように、物質次元の意識が高次の意識とつながっていない限り、新しい体制を想像したり見たりすることはできません。

つまり、高い次元の波動と意識レベルを合わせていない限り、インスピレーションを受けて新しい方法を模索することはできないのです。

ですから、新しいものが見えてくる前に、古いものを手放す必要があります。

健　たとえば、ある少人数のリーダーが新しい資本主義の形を見て、彼らのインスピレーションによって多くの人たちの意識が上がり、全体が一気に変わることがあるのでしょうか。

バシャール　みなさん全員が、基本的にはリーダーです。
全員が高次の意識に刺激され、新しいアイデアを打ち出す可能性を持っています。

もちろん中には、新しいアイデアを先に思いつく人たちがいて、ほかの人たちに教えることはあるでしょう。
しかし、そういう人たちが出てくるのを待つのではなく、ひとりひとりがそれぞれの高次の意識につながって刺激を受け、新しいアイデアを生み出すことをおすすめします。

なぜなら、たとえ誰かが新しいアイデアを思いつき、ほかの人に伝えようとしたとしても、相手が自分のハイヤーセルフ（大いなる自己、高次の意識）とつながっていない限り、それを聞く耳さえ持っていないからです。

健　なるほど。ではもう少し、具体的なイメージをつかみたいと思います。現在の資本主義では、資源、人、モノなどを占有したものが勝ちという価値観が基礎にあると思います。でもこれからは、みんなで分かち合っていくことをベースにする資本主義になるのではないかと思っているんですが、どうでしょうか。

バシャール　はい、ある程度はそうだと思います。

すぐにそうならなかったとしても、地球の人々が搾取することをやめれば、最終的には「人そのもの」を基盤にした新しい制度がつくられます。

お金やモノが基盤となったいまの制度のかわりに。

高次の意識とつながればつながるほど、そこから自分でインスピレーションを得て、多くの能力が開花し、たくさんの情報を得られることになります。

つまり、ひとりひとりが必要なリソース（資源、源泉）を持つ存在になるのです。

そして、最終的にこの惑星の経済システムは、いまみなさんがシンクタンクやブレイントラスト（各分野の学識経験者が専門知識に基づいてアドバイスする顧問集団）と呼んでいる形になっていくでしょう。

健　自分の能力やアイデアが価値を生む素晴らしい時代になるのですね。

バシャール　はい。そして「発明」が、新しい経済制度の基盤になるでしょう。とくに、人類の文明がフリーエネルギーの発明に成功し、それに全員がアクセスできる状態になると、状況は大きく変わります。そのエネルギーを使って、誰もが自分の欲しいものを何でもつくれるようになりますから、クリエイティブなアイデアを出せれば出せるほど、社会に貢献できることになります。これが、新しい経済の基盤になるのです。

くりかえしますが、このような状態はすぐに実現するわけではありません。少なくとも世界規模ではすぐには実現しないでしょう。段階ごとに、徐々に実現していくのです。
けれども、小規模な形ではすでに起きています。
いまお話ししているような、新しいグローバル経済システムが構築されるまで

健　　　具体的には、どのような形で新しいシステムが生まれるのですか。

バシャール　この新しい経済制度を促進するもののひとつが、インターネットです。みなさんの時間で10年後には、インターネットがアップグレードされます。いま研究が進んでいる「クォンタム・コンピュータ（量子コンピュータ）」にアップグレードされるのです。

　インターネットにクォンタム・コンピューティング・システムが接続されれば、それからおそらく5年後、長くても10年後には、新しいフリーエネルギー・システムができるでしょう。

　このクォンタム・コンピューティング・インターネット・システムと、フリーエネルギー・システムができあがりさえすれば、多くの分野において大きな変化がハイスピードで起きてくるはずです。わかりますか。

には、少なくとも50年、75年、100年くらいかかるでしょう。しかし、これから25年くらいで、この新しい経済制度の創成期のような制度をつくるのに成功する国もあるかもしれません。

新たなテクノロジーを生むためにできること

健　ワクワクしますね。そのころには人類が生存に対する怖れをかなり手放して、そして、クリエイティブに生きられるようになっているんですか。

バシャール　はい。そうなる必要があります。

そうでないと、いま言っている変化は起きようがありません。

覚えておいていただきたいのは、いまお話ししている変化が起きるためには、みなさん自身が怖れを手放し、自分の高次の意識とつながっていなければならないということです。

テクノロジーが、みなさんに怖れを手放させてくれるのではありません。みなさんが怖れを手放すことで、新しいテクノロジーの出現が可能になるのです。

テクノロジーとは、みなさんの意識を反映したものだからです。

健　ということは、インターネットの発明も、「もっとつながろう」という人類の意識が反映された結果だということですか。

バシャール　そのとおりです。
みなさんが「自分自身」とつながりたいと考えた結果です。
自分自身とつながることが怖くなくなると、あらゆる生命とつながることが怖くなくなります。

高次の意識にとっては、「つながりを持つこと」が非常に大事なポイントです。
しかし、物質次元の意識の多くは、つながることに対して怖れを持っているため、「つながり」を拒否したりします。

けれども、永遠に拒否できるわけではありません。
物質次元の意識が、高次の意識と自然につながればつながるほど、早くポジティブな変化が起きます。

健　先ほどの話に戻りますけれども、人類が「所有すること」や、「エゴでどんどん

バシャール　そうです。「足りない、欠乏している」というところから出発するのをやめ、コントロールを手放すと、実際すべての人がもっと豊かになるのです。

この惑星のほとんどの経済制度が、「全員に行き渡るのには不充分である」というコンセプトをもとにしてつくられています。

ですから、いまの制度を存続させていくためには「全員に行き渡るには不充分である」、そして「世の中には豊かな人と貧しい人がいる」という考え方を常に強化し、維持していかなければなりません。

しかし、みなさんひとりひとりが「限りなく豊かで、必要なものをすべて持って」いて、「宇宙が全員を、無限に、等しく支えてくれている」ことに気づけば、当然、このような違いは必要なくなります。

健　「全員に行き渡るほど充分にある」と納得するには、どうしたらいいんでしょう。

バシャール　高次の意識とつながり、新しい形のエネルギーにアクセスできるようになれば、あらゆるものが、全員にあり余るほどあるのだということがわかります。

ひとりひとりがやりたいことをするのに充分なだけのものが、全員に行き渡って、やりたいことができるようになります。

そして、地球ともまわりの人たちとも完全なバランスを保ちながら、それぞれのやりたいことができるようになっていきます。

すると、多くの人が新しい生き方を始めることになります。

ためこむ必要がなくなるのです。

「これを10個、あれが20個、どうしても必要だ」と考えなくなり、必要なときに必要なだけ、シンクロニシティで引き寄せるような形になっていきます。

戦争から何が学べるか

健　そんな未来が待ち遠しいです。ところで、戦争などもたぶん人類の集合無意識が引き起こしていると考えていいんですか。

バシャール　はい、もちろんそうです。

健　そこにはどのようなレッスンがあるんでしょうか。

バシャール　戦争は楽しいですか？

健　そんなふうに考える人は、まずいないと思います。

バシャール　そうすると、戦争をすること自体が、どうすれば戦争をもう起こさないですむかということを学ぶための経験だったと思いませんか。自分の怖れに心底あきあきして、その怖れに本気で向き合う意思さえあれば、戦争はなくなります。

健　でも、人間は忘れやすいものです。前の大きな戦争からもう60年以上たちました。戦争の悲惨さを知らない世代が増えてきて、今後また大きな戦争が起きたりする可能性もあると思うんです。人類の記憶をしっかり共有して、戦争は絶対に起こさないと決められるときが来るんでしょうか。

バシャール

みなさんがきちんとレッスンを学べることを私たちは知っています。そうでなければ、ここでお話はしていません。なぜなら私たちは、時間を無駄にしないからです。

もちろん、人類全体がそのレッスンを学べるということではありません。でも少なくとも、レッスンを学んだ人たちは、戦争が存在しないパラレル・ワールドに行きます。そして、戦争を続けたいと思う人たちは、戦争がある別のパラレル・ワールドに行くのです。

文字どおり、ふたつの別々の惑星になります。別々の地球です。

究極的には、あなたの波動が、どちらの地球に行くかを決めることになります。人間が世界を変えるのではありません。自分自身を変えることによって、すでに存在している、自分が好む波動の世界にシフトしていくのです。わかりますか。

健

よくわかりました。人類を信じてくれて、ありがとう。

未来は、コメディにもホラーにもなる

バシャール　どういたしまして。

健　ということは、いまこの惑星は、平和で静かで、みんなが自分の大好きなことをやっている地球と、いつも戦って競争して、おたがいに足を引っ張っている不幸な地球とに、分かれつつあるということですね？

バシャール　ええ、でも、そのふたつ以外の選択肢もたくさんあります。いまの話は、わかりやすいように非常に簡略化して言ったまでです。みなさんがどの地球にシフトするのか、選択肢は無限にあります。

健　そうすると、地球の数は無限にあって、その数だけ異なった現実があるということですか。

バシャール　はい、そうです。

健 では、夫婦でいながらも、違う地球に住むこともあるわけですか。それとも、波動が違った場合は離婚して、波動の合う人と一緒にいるようになるんですか。

バシャール そういうこともありますが、ケース・バイ・ケースです。その人が、どのようにして自分の体験をつくっていったかを個別に見ていかないと、一概に言うことはできません。

健 では質問を変えると、違う地球に住んでいる人たちも一緒に、同じ会社や学校にいることができるのでしょうか？　それとも、違う地球に住む人たちはいずれ、コミュニティごとに分かれておたがいに会わなくなるのか、どちらなのでしょう？

バシャール 周波数があまりにも違いすぎてしまうと、おたがいに二度と出会うことはなくなります。別々の地球で生活することになります。似たような考え方の地球を体験するためには、ある程度、波動が似通っている必要があるのです。

健　そういえば、高校時代に誰からもすごく嫌われていやな性格だったクラスメイトとは、20年くらい会っていないのですが、もしかしたら彼は違う地球に行ってしまったということなのかな？

バシャール　ある意味では、そうです。

健　えっ、やっぱり!?

バシャール　でも、覚えておいてください。
たとえば、その人にまた会ったとします。
そのときに彼が、当時と同じような姿格好をしていたとしても、別人なのです。
いろいろな世界に、ひとりの人のいろいろな別バージョンが生きているのです。

健　同じ人でも……。

バシャール　同じ人ではありません。
同じ人のように「見えている」だけです。

健　　それは、幻想なのです。

なるほど。たとえば、しばらく前にエンディングを観客が決められる映画がありましたが、ある意味ではこの世界も、それぞれの毎瞬毎瞬の選択によって、その人の住む地球のシナリオが刻々とできあがっているということですか。

バシャール　そのとおりです。

同時に、みなさんが自分自身の宇宙もつくっているのです。

覚えておいてください。

あなたの現実の中にいるあなた以外の人は、「あなたの宇宙バージョン」のその人なのです。

物質次元では、ほかの人を直接体験することはできません。

魂次元でなら、集合的合意を通して、ほかの人を直接経験することができます。

なぜなら、魂次元に行くと「すべてはひとつ」だからです。

でも物質レベルでは、みなさんはさまざまに細分化された「パラレル・リアリ

健　ティ」を生きています。
　　ですから、普段のみなさんは、自分がつくった現実の中の「自分バージョンの相手」を通して、その人を間接的に体験することしかできないのです。
　　ということは、この世界は、自分たちがこういう世界になってほしい、あるいは、こういう世界を選択したいと思ったとおりにできている映画のようなものですか。

バシャール　そうです。

健　いま、みなさんが見ているのは、「自分が現実だと信じているもの」の反映です。
　　では、その人の選択でコメディにもなればホラーにもなるし、素晴らしい感動の映画にもなるということでいいのでしょうか。

バシャール　まさしくそのとおりです。

健　そして、人はどんなシナリオも選択することができる、どんな現実もつくるこ

とができると考えていいんでしょうか。

バシャール　一般的にはそうです。

でもシナリオによっては、それが技術的に可能であっても、その人がこの世界で探究しようと選んだテーマから見て、少しも現実的でなかったり、妥当でないこともあります。

技術的にはどんなことでも可能といえば可能ですが、たとえば突然、頭を三つつけて、背中に翼を生やすなどということは、現実レベルでは妥当なこととは言えませんよね。

そんなことをしなくても、与えられた現実の中で自分のテーマを探究するために適切な表現は、いくらでもあります。

地域通貨の未来とフリーエネルギー

健　お金について訊き忘れた質問があるんですが、地域通貨についてバシャールの考えを訊かせてください。地域通貨とは、各国の政府が発行した通貨ではな

く、ごく身近な地域で作られた手作りの通貨です。それは信頼にもとづいて発行されています。
　たとえば、国家が発行する一般の通貨は、年数パーセントの利子 (interest) がついたりしますね。

バシャール　本当ですか？　それはおもしろい (interesting) ですね！

健　　　　（笑）

バシャール　なぜですか？

健　　　でも、地域通貨は発行した時点から価値が減っていきます。

　　　価値が減るとなると、人が早く使おうとするからです。そうすると、経済は活発化します。それが地域通貨の目的です。この地域通貨が、今後もっと増えていく可能性があるんじゃないかと思いますが、それはどうでしょうか。

バシャール　結局は、どうやってお金を流すかということが、ポイントなのです。あえて地域通貨という形で、お金の流れを促さなければならないことはありません。でも、どのような形であれ、レッスンは学ばれる必要があります。

地域通貨は発行してすぐに価値を落とし、なるべく早く人に使ってもらうことでお金を流すのを促すのですね。そういう方法でしかお金を流すことを学べないのであれば、みなさんはその方法で学ぶことになるでしょう。

しかし、やり方はほかにもあります。要は、みなさんとお金の関係の中に「流れ」があることが重要なのです。

健　たとえば、どのようにすれば流れが生まれるのでしょう。

バシャール　すでに答えたとおりです。自分の情熱、ワクワクにしたがって生きること。そして、お金だけが豊かさの形ではないと気づくことです。

健
いま多くの人が、グローバル・エコノミーというものをつくろうとがんばっています。

しかし、現在の経済制度のまま、世界規模で多くのお金をまわすシステムをつくろうとすると、逆に、特定の地域にお金が集中してしまうことになりかねません。そしてそれを、特殊な方法で操作しなければならなくなる可能性が出てきます。

すると、ある地域に住む人たちは利益を得られますが、別の地域に住む人々は不利益をこうむってしまうことになるのです。

ではどうすれば、みなが利益を得られるようになるのでしょう。

バシャール
その唯一の方法を、お教えしましょう。

それは、現在はお金などに限定されている《交換の手段》が、別の形に置き換えられるのだと理解することです。

くりかえしますが、現在のみなさんの経済システムは、「全員に行き渡るには充

分でない」というコンセプトをもとに構築されています。
ですから、いまの状態でお金の流れるグローバル・エコノミーをつくろうとすれば格差が生まれ、豊かさのレベルが地域ごとに変わってしまうのです。

また皮肉なことに、グローバル・エコノミーのような新しい経済システムは、政治があっては機能しません。

政治の影響がなければ、地域ごとに自然な形で、経済が隆盛と衰退をくりかえすはずです。

つまり、それぞれの自然なペースで、ひとつの地域から別の地域へとお金の移動がくりかえされるなら、それぞれの形で全員が利益を得られるのです。

けれども実際には、個人的な利害関係や政治的、国家的な利害関係によって、お金は地域から地域へ自然に流れないようになっています。

したがって、これから先、地域通貨が実際に機能していくためには、いまの政治的な利害関係や政治的境界線を全部とり払う必要が出てくるのです。

地域通貨は、グローバル・エコノミーを推進するための可能性を含んでいるか

健　地域通貨の流通を成功させるには、どうしたらいいのでしょう。

バシャール　もしれません。しかし、政治的な垣根がなくならない限り、最終的には失敗に終わるでしょう。

政治的な垣根をとり去ってお金を流す能力の地域的格差をなくし、全員が利益をこうむれるようにすることが重要です。

そのためには、先ほどお話ししたフリーエネルギーをつくるテクノロジーができてくる必要があります。

いまみなさんの星では、さまざまな国のリーダーたちが統合、統一を上からのトップダウンで行おうとしています。

しかし、統合、統一というものは、下からのボトムアップでなければ機能しないのです。

地球の全人口が、フリーエネルギーに自由にアクセスできるようになれば、いわば、下から上まで、全員が利益を得るという形で平等化が起きます。

健　でも、政治家たちがグローバル・エコノミーを通じて、トップダウンでこの平等化を成し遂げようとすると、究極的には、経済は崩壊するでしょう。

バシャール　あくまでも可能性ですが、2033年から2050年ぐらいになると思います。

健　そのフリーエネルギーが全人類に行き渡るようになるのは、だいたいいつぐらいでしょうか。

健　この本の読者は、それまで待てるかな。たぶんそれまで生きていない人も多いと思うんですが……。

バシャール　選択すればまた転生してくることができますよ。

（笑）

パラレル・ワールドへ、ようこそ

健　では、それまでの生き方を考えるうえで、いまから世界がどのように動いていくのか、可能性でいいのでいくつかヒントをもらいたいんですが。

バシャール　いま変化しているこの流れにしたがって、みなさんの世界は、さらに変化を続けることになります。

大きな変化の要因のひとつになるのが、地球外生命体の存在が明らかになることです。

いまから２０１５年くらいまでの間のどこかで、それが起きるでしょう。

地球外生命体の存在を知ることが、地球人にとって、ポジティブに、あるいはネガティブに多大な影響を与え、大きく物事を揺り動かします。

これにより、ある領域においては、さらに二極化が進むでしょう。

けれどもこれが、本当のパラレル・ワールドへのシフト、パラレル・ワールド

健　　の分化につながるのです。地球外生命体がいるとわかった時点で、みなさんがどの周波数にいるかによって、どのパラレル・ワールドに行くかが決まります。

その後、変化はさらに加速していきます。

２０１０年から２０１５年までの５年間が、パラレル・ワールドへのシフトにおいて非常に重要な時期です。パラレル・ワールドへの分化は、その人がどの周波数にいるか、またそのシフトをどのように解釈するかによって、ポジティブ、ネガティブ、さまざまな形で体験されることになります。

そんなことが起きるのですか。ドキドキしますね。ほかには、どのようなことが起こるのでしょうか。

バシャール　２０１０年からの５年の間には、体験可能なすべての世界がつくられます。

たとえば、大勢の人が亡くなるレベルから、大勢の人が自分の最高の夢を叶えるレベルまで。

また、次のようなことも起こります。

ちょうど2012年あたりを境にして、いまは1本でしかないエネルギーの光線が、人間の集合意識を象徴する、ある特殊なクリスタルに当たるのです。

この光線がそのクリスタルに当たると、さまざまなパラレル・ワールドに分化していくことになります。

そして、それぞれのパラレル・ワールドが、ますます、その世界を構成する人々の意識を反映し、特徴をおびたものになっていきます。

こうしてつくられる独特の周波数を持った、たくさんのパラレル・ワールドは2015年から年を追うごとに加速しながら、おたがいから離れていきます。

ついには、自分の波動が選んだひとつのパラレル・ワールドだけしか体験できなくなるでしょう。

そして、2100年までには、それぞれの世界が、ある意味では終着点を体験することになるのです。

スペクトラムの一方の端にある、もっともネガティブな周波数を持つ人たちが

健　　　　　移動したネガティブなパラレル地球は、完全に破壊されてしまいます。その一方で、スペクトラムのもう一方の端にあるポジティブな波動を代表する周波数のパラレル地球は、２１００年までには銀河系社会の一員として迎え入れられます。
しかし、この両極のパラレル地球の間には、さまざまなバリエーションのパラレル地球があるのです。

バシャール　そして、その人の周波数によって行くパラレル地球が違うんですよね。

健　　　　　イエス！

バシャール　つまり、それはワクワクして幸せな人はポジティブな未来のパラレル地球へ行って、嫌いなことをやってうじうじしている人はそうでないほうに行くということなんですか。

健　　　　　そうです。いまみなさんの現実では、自分とは異なる周波数の世界もある程度は経験できるようになっています。

第５章　私たちの未来、分離していくリアリティ、2012年

しかし、2012年から始まる分化が、2015年からさらに加速すると、自分の周波数以外の世界を経験することは、どんどん、どんどん難しくなっていくのです。

2033年から2050年には、自分が選択した周波数以外の世界のことなどほとんど聞いたことがないという状況になるでしょう。

そして2100年には、自分が選択した周波数以外の世界を体験することは、本当に本当にあり得なくなります。

それが、ポジティブであろうが、ネガティブであろうが、自分で選択した世界しか体験できなくなるのです。

2012年、列車は別々の線路を走り出す

健

もう少しクリアにイメージをつかみたいのですが、たとえば、素晴らしい友人関係を持った素敵な人がいるとします。そういう人は、たとえば、人をだましたり、意地悪をするような人とは会いにくくなるとか、そんな感じでしょうか。

バシャール ええ。いまは周波数の違う人たちとも出会うことがありますが、そのうち出会うことは不可能になってきます。

しかしそうなるかどうかは、「いやだな」と思う人たちに出くわすときのいまのあなたの対応によって決まります。

あなたが相手と同じような反応をすれば、あなたも彼らがいる世界にとどまることになるでしょう。

一方、あなたが彼らにポジティブな形で対応し、相手がどんな状態でも、自分の世界には影響が及ばないことを理解すれば、あなたは少しずつ、そういう人たちが存在しないパラレル現実へとシフトし、最終的には会わなくなります。

これまで言った年はすべて、世界全体で見たときの平均と考えてください。

個々人のレベルでは、いま私が言ったよりも速い速度で、このようなシフトや移行を始める人がいます。

しかし、それらの移行の基盤となるのは、「すべての出来事の意味を中立的なものとしてとること」。そして、「その出来事がどのように見えても、ポジティブ

に対応していくこと」。このふたつです。

ポジティブな波動とネガティブな波動の集合体であるこの世界は、いわばプリズムのようなものです。

それが2012年に近づくにつれて、少しずつ、少しずつ、より多くのパラレル現実に分かれていきます。

健　どのくらいの速さで、分化は起こっていくのでしょう。

バシャール　分化のスピードは、2015年からますます上がっていきます。

それぞれのパラレル現実の世界がどんどん離れていって、おたがいがおたがいを体験することは、どんどん、どんどん、どんどん少なくなっていきます。

いまはまだ、すべての列車がひとつの駅に向かって走っています。

しかし、2012年からは、路線が切り替わり始めます。

そして、2015年からは、いまは同じ駅に向かっている列車の多くが、別々の線路を走り、別々の方向へ向かうことになります。

208

2025年から2035年頃までには、それぞれの線路は非常に遠く離れてしまいます。

それでも、しばらくの間はまだほかの線路と交差しているものもあるでしょう。ですから、ある線路から別の線路に移ることはできます。

しかし、そのためには、いったん列車から降りて駅で待ち、新たに切符を買って、別のパラレル線路を走る新しい列車に乗り換えなければなりません。

けれども、最終的にはおたがいに乗り入れのない状態になります。

ですから、何度も乗り換えなければいけなくなったり相互乗り入れがなくなるまで、ただ何もしないで待つかわりに、私たちはこうおすすめします。

分化のスピードが速まるこの5年間の早い段階から、「自分の乗りたい列車」に乗っておいてください。

すべての列車が駅から出発してしまったら、乗り換えはまず難しくなってきます。

健　これで列車をたとえに使ったお話はおしまいです。

バシャール　いろいろ考えさせられますね。

健　「自分がもっとも情熱を持っていることをやる」という列車に乗ってください。そして、「人生のさまざまな出来事や状況を、ポジティブにとらえる」という列車に乗ってください。

バシャール　そうです。とくに自分自身を。

健　その列車に乗るために必要なのは、過去のトラウマを癒すこと、そして、自分を、あるいは誰かを許すことがカギになるような感じがするんですが……。

バシャール　そうです。私たちがこれまでお話ししてきたことはすべて、みなさんの喜びを

あるいは同時に、ネガティブな観念をひとつずつ見て、手放していくことが大事だと、とらえていいんでしょうか。

象徴する列車に乗るための切符の買い方についてでした。

100パーセントワクワクの列車がある

健　そうすると、たとえば、家族や友人でも違う列車に乗ってしまう可能性があるということですね？

バシャール　はい。家族だからといって、必ずしも同じ列車に乗るわけではありません。

健　それを一般の人が聞くと、「あ、自分はワクワクすることをしてるけど、うちのダンナさんはやってないな」とか、逆もあると思うんですが「自分の父親はたぶん違う列車だな」とか（笑）。同じ列車に乗るためには、違うことをやっていても同じようにワクワク感を持っていればいいということですか。

バシャール　そのとおりです。
　その列車は、その人のワクワクがとっている形とは関係ありません。
　そのワクワクを象徴するエネルギーの周波数にいるかどうかが、ポイントなの

です。

健 そうすると、たとえば、100パーセントワクワクして自分の好きなことをしている人、80パーセントの人、30パーセントの人、5パーセントの人、それぞれに別の列車があるという、そんなイメージですか。

バシャール はい。ワクワクの割合が、どの列車に乗るかを決めます。つまり、自分の情熱を50パーセントしか生きていない人は、50パーセントの列車に乗り、自分の情熱が50パーセントしか実現されない現実を生きるのです。確率が半分半分なので、私たちは「フィフティ・フィフティ・トレイン」と呼んでいます。

健 （笑）

先ほどの説明だとパラレル・ワールドには、いろいろなバージョンの自分がいるということでしたが、そうではなく、自分の情熱が50パーセントだったら、70パーセントのパラレル・ワールドからは完全に物理的に消えてしまうという

ことですか。

バシャール 最終的にはそうなります。

いまは、どのレベルの世界へもまだ接続がありますが、最終的には接続がなくなります。

接続ポイントが存在していても、少なくともみなさんには見えなくなります。

いま言ったのは、構造上の話ではなく、「どれだけみなさんが知覚できるか」という話です。

すべてのものには、必ずつながりがあります。

でも、それを認識できる能力が変わっていくのです。

そして、つながりを使う能力も変わります。

ですから、とてもネガティブな列車に乗っている人は、そのうち、ポジティブな列車との接続ポイントを完全に失い、乗り換えるすべを失います。

同じように、ポジティブな波動の列車に乗っている人もネガティブな現実の波

健　動を知覚すらできなくなります。ですから、ネガティブになることができなくなるのです。

非常に単純化してお伝えしましたが、ポイントはわかっていただけたと思います。

そうすると、同じ家族の中でレベルが合わなくなると、離婚するとか、家出をしていなくなるとか、そういうことになるんですか。

バシャール　あるいは、亡くなるとか。

そのほかにも、いろいろな方法があります。

《2012年急行(2012 EXPRESS)》に乗るもっともいい方法

健　うーん、そうなんですか。それも個々人の選択なんでしょうね。

ところで、2012年に向けて地球が大きくシフトしているということを、何らかの形で聞いている人たちは、それに対して、怖れたり、焦ったり、ワクワクしたり、いろいろな反応をしています。

214

バシャール　その人が持っている観念と周波数によって、このシフトの体験は当然さまざまでしょう。

2012年とは、「ある臨界点を超えるタイミング」なのです。

ネガティブからポジティブへと、秤（はかり）が傾きます。

2012年以降、エネルギー的に見ると、ネガティブよりもポジティブなほうがほんの少しだけ多い状態になります。

そうなると、ポジティブなエネルギーがさらに速度を速めて拡大します。

2012年は、ちょうどその転換点です。

健　2012年というと、もうすぐですね。でも前にも言いましたが、たとえばインフルエンザが流行ったり、経済的な大混乱があって、人々はあまりポジティブなイメージを未来に抱けなくなっています。

バシャール　インフルエンザの流行や経済的混乱は、いままでもすでに起きていますので、別に新しいことではないのではないですか。

健　今回の変化は、もう少し怖そうな感じがします（笑）。

バシャール　そのように恐怖や不安を持っている人は、そのとおりに体験することになります。

しかし、周波数がすでに変わり、未来に対して希望や喜びなどのポジティブなイメージを持っている人は、ネガティブな体験をする必要はないのです。

すでにお話ししたとおりです。

どの列車に乗りたいのか決めてください。

列車によっては、脱線して事故を起こすものがあります。

列車によっては、スムーズに線路の上を走って行くものもあります。

また、列車によっては、少しでこぼこのところを走ったりします。

そして、停車駅の多い列車もあります。

あなたが何を体験するかは、あなたの周波数によって決まるのです。

健　ということは、怖れを手放して、本当に自分らしく生きればいいんですね？

バシャール　そのとおり！　それが、《2012年急行(2012 EXPRESS)》に乗るもっともいい方法です。急行(EXPRESS)に乗りたければ、本当の自分を表現(express)する方法を学ぶことです。

健　なるほど。またやられました。バシャールのユーモアのセンスは抜群ですね！

（笑）

バシャール　私たちは人間のダジャレが大好きです。

健　（笑）

最後に、人間が生まれる目的について訊きたいと思います。この地球上に生まれるのは、本当に自分の才能を輝かせて、それを100パーセント生きることが目的だと考えていいんでしょうか。

バシャール　はい。
最大限に自分自身を生きること。それが目的です。
どのようにしてやるかは、人それぞれです。
でも、最大限に自分自身を生きることが、みなさん全員にとって究極の目的なのです。

けれども、目的と、表現スタイルを混同しないでください。
目的の表現方法には、ひとりひとりユニークなスタイルがあります。
しかし、目的は全員同じです。

《創造》はみなさんを通して、さまざまな体験をします。
みなさんが本当の自分を最大限に生きられるようになると、《創造》は可能な限り、変化に富んだあり方を体験できるようになるのです。

健　素晴らしいメッセージを本当にありがとう。心から感謝しています。この本を読む何万人という読者を代表して、「心からのありがとう」を伝えたいと思います。

読者に対して、最後に何かメッセージをいただけますか？

バシャール　みなさんの世界で、よく言われるフレーズをプレゼントします。
私たちは、神によってつくられたのではありません。
私たちは、神の一部なのです。

この交信を共に築きあげてくださった全員の方に御礼申し上げます。
みなさんに無条件の愛を。
またお会いしましょう。

column : Ken's message 5

2012年にマヤ暦が終わるということで、一部には世界が終わるのではと心配な人もいるかもしれません。世界各地で天災や不況のニュースが続くので、「2012年頃に何かあるかも？」と不安を抱くのも当然です。

バシャールは、2012年頃から、パラレル・ワールドの分化が始まると語っています。ワクワクして生きている人とそうでない人、幸せに生きている人とそうでない人は、一緒に存在できないという感じのコメントがありましたね。それだけ聞くと、自分らしく生きている人だけ、いい電車に乗って、そうでない人は、ダメ列車にどうぞと言われたように感じた人もいるでしょう。また、「やっぱり私はダメなんだ！」と落ち込んだ人もいるかもしれません。

ぼく流の解釈ですが、このパラレル・ワールドの分化は、昔の友人関係を考えてみればわかりやすいと思います。あなたには、小学校や中学校の頃、毎日のように一緒にいた友人がいませんでしたか？　連絡先すら知らない人彼らといま、どれだけコンタクトがあるでしょう？　つまり、彼らは、この地球上には存在しても、あなたの世界にはいない人なのです。だからといって、おたがいに不幸なわけ

でもなく、まったく違った現実に生きているだけのことです。

また、夫婦に関しても誤解が出てくるのではないかと思うので、少し自分の解釈をお伝えしておきましょう。

2012年エクスプレストレインが出発するというと、「私はワクワクしているけど、うちの旦那は違うから、きっと別の電車ね！」と確信した人もいるでしょう（笑）。あるいは、相手は両親、友人かもしれません。

ぼくのイメージでは、2012年にパートナーが急に消えるというわけではなく、最高のワクワクで生きる自分の隣には、最高に生きているバージョンのパートナーがいるのではないかと思います。ワクワクすることをやっていないあなたは、同じような生き方のパートナーと、別のパラレル・ワールドに存在しているのかもしれません。

自分だけワクワク列車に！　と考えている人は、気がつかないうちに「競争して相手を蹴落とそうとする人用の列車」に乗っているかもしれません（笑）。

くれぐれも列車に乗るときには、ご注意を。

脳の機能、記憶のメカニズムとは？

バシャールとの3日間で、アラカルト的な話をする時間もありました。その中で興味を引いたのは、脳の機能と記憶のメカニズムについての話です。

「脳は、パソコンでいうと、単なるハードディスクなしのネットブックのようなもので、受信機なのでは？」という問いに、バシャールは、ずばり「そのとおり！」という答えをくれました。脳はどうも受信機であり、記憶は、どこかほかにあるらしい。クリエイティブに脳を働かせられる天才、アルツハイマーのしくみなど、ワクワクするような情報もやりとりもいっぱいありました。たとえばモーツァルトのような天才は、情報のやりとりの回路がクリアで、情報が瞬時に伝達されるらしい。その回路に毒素が入り込むことで、記憶があいまいになったり、認知症の原因になるとのこと。

紙面の関係ですべては載せられないのが残念ですが、ホームページにそのときの対談をアップすることになりました。詳しくは、http://www.voice-inc.co.jp/content/551/ へ。

「ワクワク」をのばす教育について

娘が生まれてから、ずっと教育については関心がありました。アメリカに移住したのもそのためです。引き寄せの法則で有名なヒックス氏も推薦しているサドベリースクールという学校に娘を行かせました。その学校では、ワクワクすることを中心に子どもが自分で学びを決めるというユニークな方針を取っています。

そのあたりをバシャールに訊いてみると、「学ぶことにワクワクするように子どもに教えてあげると、子どもはもっと学びたいと思うようになります」とか「学ぶ唯一の方法とは、体験を通してである」(アインシュタイン)という言葉をくれました。また、「日本では我慢することが大切と考えるけど、バシャールはどう考えますか？」との問いに、「自分の情熱にしたがっているときに、我慢は必要ありません」との答えをくれました。

ほかにも、教育に関してのおもしろいやりとりがありましたが、紙面の関係で載せられません。ホームページ http://www.voice-inc.co.jp/content/551/ で見てください。

あとがき

この本を最後まで読んでくださって、ありがとうございました。
最初は、「宇宙人のメッセージ!?」という感じで読み始めた方も、そのメッセージの普遍性、深さにワクワクしていただけたと思います。「自分の運命」「地球の未来の姿」などの材料が、バシャール名料理人によって美しくさばかれていく様子をみなさんも楽しんでいただけたのではないでしょうか。
素顔のダリルが落ち着いた研究者タイプだとすれば、バシャールは陽気でユーモラスな哲学者です。このふたつの人格が入れ替わる様子も、とても興味深く見せてもらいました。
ロサンジェルスで3日にわたり行われた対談を終えて、私の人生も深いところから根こそぎ変わっていく感じがしています。家族で行ったこともあり、今回の旅は、家族単位で「ワクワクするビジョンをつくる」いい機会になりました。
私が得たビジョンとは、「泊まり込みでじっくり語り合える場をつくること」です。具体的には八ヶ岳あたりに、研修センターとホテルが一緒になった施設のイメージが見えました。これからどうなるか楽しみです。

この本を終えるにあたって、たくさんの方に感謝したいと思います。バシャールはもちろんのこと、ダリル・アンカ、エイプリルには本当にお世話になりました。そして、ビジョンを常に行動に移されているヴォイス主幹の喜多見龍一さん、美しい日本語で通訳された島田真喜子さん、緻密なスケジュールを立ててくださった神原隆夫さん、この本が多くの人に届くよう努力してくださった大森浩司さん、正確なテープ起こしをしてくださった尾辻かおるさん、情熱的に編集作業をしてくれたジュリアには、心から感謝します。

また、以前バシャールと対談された坂本政道さん、須藤元気さんにも感謝です。彼らの素晴らしいインタビューがあったおかげで、別の角度からバシャールに質問をすることができました。

今回のプロジェクトに関わる全員のワクワクが、素晴らしい本につながったと思っています。私たちのワクワクのバトンを、いまあなたに渡します。

本書を読み終えたあなたは、いま何を感じているのでしょう?

本田 健

あとがき

ダリル・アンカ (Darryl Anka)
バシャールとの合意のもと、1984年以来、世界各地でチャネルとして活躍。現在は何かを伝える必要がある場合のみチャネリングを行う。ハリウッドの映画産業を担う、特撮デザイナー。自作脚本の映画化も実現化中。「バシャール」シリーズは累計200万部を超えるベストセラーとなった。

バシャール (Bashar)
地球の時間で3000年後の惑星・エササニの多次元的存在。「ワクワク」は、自分が「無条件の愛」の波動と調和していることを教えるメインメッセージだと伝えている。

本田 健 (Ken Honda)
経営コンサルティング会社やベンチャーキャピタル会社など複数の会社を経営しながら、お金と幸せについて執筆・講演活動を行う。『ユダヤ人大富豪の教え』など30作以上の著書はすべてベストセラー。累計300万部を超え、世界中で翻訳されつつある。

本書をお読みいただいた読者のみなさまへ特別プレゼント！
本書未収録部分をヴォイスWEBサイトで
ダウンロードできます。

〈本書未収録部分の内容〉
「脳の機能、記憶のメカニズムとは？」
「『ワクワク』をのばす教育について」
ほか、「時間とはなにか？」「睡眠とは？」
「グループソウルとは？」など

〈URL〉http://www.voice-inc.co.jp/content/551/
上記URLより、「ダウンロード」を選択し、
手順にしたがってダウンロードしてください。

未来は、えらべる！　バシャール　本田健

2010年3月31日　初版発行
2010年7月2日　3刷発行

著　　　者	本田　健／ダリル・アンカ	
通　　　訳	島田真喜子	
編　　　集	江藤ちふみ	
編 集 協 力	尾辻かおる	
装　　　幀	芦澤泰偉事務所	
発 行 者	堀　真澄	
発 行 所	株式会社ヴォイス	
	〒106-0031　東京都港区西麻布3-24-17　広瀬ビル2F	
	TEL 03-3408-7473（出版事業部）	
	FAX 03-5411-1939	
	URL：http://www.voice-inc.co.jp/	
	e-mail：book@voice-inc.co.jp	
組　　　版	有限会社アニー	
印刷・製本	藤原印刷株式会社	

万一落丁、乱丁の場合はお取り替えします。
Original Text ©2010 Ken Honda & Darryl Anka
ISBN978-4-89976-250-8　Printed in Japan

「大好きなこと」のチカラで、人生を大発展させる!! SOURCE

あなたの「ワクワク」が、人生を劇的に向上させる。
ロングセラー「ワクワク人生探求プログラム」SOURCE

★自分の「本当に好きなこと」がきっと見つかる
★あなたの個性にぴったりの「天職」が見つかる
★「豊かさをもたらす一番の分野」が見つかる
★人生に「理想のパートナー」が招き寄せられる
★家庭と社会、お金とビジョンなど「人生のバランス」がとれる
★リタイアするシニアの「第二の人生」が発見できる
★学生が社会に出るときの自分の「強み」が見つかる

普及版「ソース・セルフ・スタディ・キット」
定価：19,800円+税

本書著者の本田健さんも学び、その後の大飛躍につながった、米国マイク・マクマナス構築のワクワク発見・発動プログラム「ソース」。それは①書籍「ソース」②「ソース」自宅学習キット③「ソースワークショップ」から構成されています。まずは本をお読みになり、自宅学習キットであなたの「ワクワク」を発見し、あらたな人生を設計していきます。東京をはじめ、各地でおこなわれている「ソース・ワークショップ」から大きく飛躍された方も多くいらっしゃいます。

①まずは本を読む

◆書籍「ソース」定価：1,500円+税／四六判ハードカバー／320頁
ISBN978-4-900550-13-1
あなたの「ワクワク」に宿る奇跡の力、ソースを実行するための6つの方法論などを具体的・実践的に語ったロングセラー＆ベストセラー。

書籍「ソース」
定価：1,500円+税

②次に自宅学習キットで発見と実践の準備

◆普及版「ソース・セルフ・スタディ・キット」定価：19,800円+税／ISBN 978-4-89976-246-1
[内容物]●ナビゲーション＆エクササイズ誘導のCD7枚●イメージングに使える専用音楽CD●書き込んで使えるワークブック●ワクワクの地図●ポイント集リーフレット●ワクワク行動計画●ソースの車輪ポスターなど

あなたの「ワクワク」を使ったユニークな生き方プログラム「ソース」。あなたの人生を強力に活性化し、長くパワフルに続けられる「天職」との出会いを助け、人生に「理想のパートナー」も呼び込んでいきます。今までの啓発プログラムにない「実行可能」なプログラム。あなたの「ワクワク」を人生の全方位に使っていただき、あなたの人生を劇的に活性化します。

③ワークショップで実践ポイントを学ぶ

◆「ソース・ワークショップ」
東京はじめ、各地にいるソース・トレーナーから「ソース・ベーシック」を対面で学ぶ機会。
講師の養成講座も開催されています。
詳しくは株式会社ヴォイスワークショップ 電話03-5772-0511までお問い合わせください。

ワクワクシステムを本から学ぶ「バシャール」

バシャールペーパーバック8巻セット (箱入り)

オリジナルバシャール決定版。日本人の生き方を変えたベストセラーシリーズ。ダリル・アンカのすべての「ワクワク」理論のもととなった画期的な内容がいっぱい。「ワクワク」実現のワークブックに使える内容。

新書判全8巻セット箱入り定価：8,000円＋税
①〜⑧の各巻別売りもあります。

バシャール（チャネル：ダリル・アンカ）
通訳：①〜⑥関野直行 ⑦北村麻紀 ⑧くまり莞奈子
ISBN ①978-4-89976-034-4 ②978-4-89976-046-7
③978-4-89976-049-8 ④978-4-89976-050-4
⑤978-4-89976-054-2 ⑥978-4-89976-055-9
⑦978-4-89976-059-7 ⑧978-4-89976-060-3
定価：各1,000円＋税

バシャール×坂本政道 人類、その起源と未来

アヌンナキ、ピラミッド、分岐していく現実のパラレル・アース。ヘミシンク第一人者坂本政道との対話記録。
ダリル・アンカ(バシャールチャネル)＆坂本政道/通訳：大空夢湧子
四六上製/312頁/ISBN978-4-89976-235-5/定価：1,900円＋税

バシャール スドウゲンキ

神はサイコロを振るか？ 地球の未来は？ 須藤元気がバシャールから引き出した時空を超えた全対話記録。
ダリル・アンカ(バシャールチャネル)＆須藤元気/通訳：大空夢湧子
四六上製/220頁/ISBN978-489976-221-8/定価：1,500円＋税

バシャール2006

「創造」「投影」「反映」「経験」という、自分が望む現実を実現していくひとつのサイクルを詳細に語った書。
ダリル・アンカ(バシャールチャネル)/通訳：大空夢湧子・渡辺雅子
A5並製/400頁/ISBN978-4-89976-092-4/定価：2,200円＋税

③「世界を癒す」(3部作その2)

153分　定価：4,750円+税　ISBN978-4-89976-254-6

あなた自身が癒されるとき、あなたのまわりのひとや世界も同時に癒されていく。
◆「本来の自然な自分」に日常の自分が抵抗していると、その摩擦が病気の原因になりうる。◆明かされるヒーリングのメカニズム。◆あなた個人が癒されることが、まわりのひとが癒されることであり、世界を癒すことにつながる。◆すべての発展の基礎はこの力学を学ぶことから始まります。

④「世界を構築する」(3部作その3)

132分　定価：4,750円+税　ISBN978-4-89976-255-3

あなたは人生を、一本の映画フィルムのように、「過去」も「現在」も「未来」も、望むままに創り出せるとしたら。
◆あなたが本当にしたいこと、真実のワクワクを生きはじめることで、その波はあなたのまわりにポジティブに広がり、そしてさらにそれらは地球全体にまで影響を及ぼしていくことになる。◆自分自身の、そしてまわりのひとのよりよい未来のために、私たちは自分の意識のなかをよく観察し、映画のフィルムのように現実を創造していくことができる。◆バシャールの得意とするイメージワークを含む「世界の構築法」に迫る。

⑤「公開Q&A」in 東京

101分　定価：4,750円+税　ISBN978-4-89976-251-5

才能の見つけ方、人生の壁からなにを学ぶかなど、ありとあらゆるジャンルの質問に間髪を容れず本質的な答えをもらたすバシャールの真骨頂「Q&A」。
◆バシャールといえばQ&Aの名手で知られる。バシャールが一切のタブーを設けず、どんな質問にも答えたQ&A集。
◆「現実創造法」「才能の見つけ方」から「輪廻転生」まで、トピックは多岐にわたる。
◆この質疑応答を共有することは、あなたの問題解決と才能発掘に寄与する。

⑥全5タイトル完全セット 「バシャール・チャネリングDVD」

定価：28,333円+税　ISBN978-4-89976-256-0

一気に全タイトルを入手できる完全DVD学習キット。

当DVDのWEBページ :http://www.voice-inc.co.jp/content/551/
WEBトップページ : http://www.voice-inc.co.jp/
出版事業部 電話:03-3408-7473（平日9:30〜18:00）FAX:03-5411-1939 (24h)

引き寄せる New reality!! VOICE DVD シリーズ

DVDだけで観られる 書籍未収録

「ワクワク」を自宅で学ぶ DVD フルセット

「バシャール チャネリング DVD」[全タイトル 日本語通訳付]

バシャールが日本の精神性に
もっとも大きなインパクトを与えていた時期の、
まだ見ぬ強力チャネリング・コンテンツを
DVD全5タイトルに収録。
バシャールのユニークな世界認識が
あなたの成長を強力にサポートします。

①「創造する舞台── 1357の実現法則」in 鎌倉能舞台

100分+144分の2枚組　定価：9,333円+税
ISBN978-4-89976-252-2

※今回のリリースの5タイトルのうち、もっとも注目される実現化法則を語った注目DVD！ 鎌倉の能舞台から語る「あなたの夢を確実に実現していく強力な道具の使い方」。

◆だれでもが、本当に望む現実をみずからつくり出すことができる。◆バシャールが説くこの原理のもと、変化を確実に起こすために強力な道具となるのが「1357の実現法則」。
◆考え方への理解を深め、夢を生きるのに必要なすべてが詰まった渾身の一巻。

DVD「創造する舞台─ 1357の実現法則」

②「世界は比喩である」（3部作その1）

144分　定価：4,750円+税　ISBN978-4-89976-253-9

人生最大の秘密「あなたの体験する世界は、あなたの意味づけによって変わる」そのメカニズムを完全に語り尽くした秀逸な一巻。

◆この世は私たちの意識の中でつくり出されたものの反映であり、シンボルに過ぎない。
◆有名な「電車の例」を引いて、私たちが「世界に与える意味」のチカラを説く。◆望む意味づけを与える瞑想法なども。◆夢の実現に欠かせない力学を詳細に語った実践的一巻。

VOICE

ヴォイスグループ情報誌「Innervoice」
無料購読会員募集中

★ヴォイスグループ情報誌「Innervoice」を無料お届けします(毎奇数月)。
 主な内容　●新刊書籍情報
　　　　　●セミナー・ワークショップ開催情報
　　　　　●最新健康等通販情報　他
★他にも会員向け特選情報を随時お届けします。
★無料購読会員のご登録はお電話もしくは
　下記弊社サイトよりお申し込みください。

お電話でのお申し込み・お問い合わせは……
☎ 03-5474-5777

ヴォイス WEB サイト
http://www.voice-inc.co.jp/

無料で楽しめるコンテンツ

選んだボトルで本当のあなたがわかる
オーラソーマ・カラー心理診断
http://www.voice-inc.co.jp/aurasoma/reading.html

今すぐ無料でブログが書けるスピリチュアルコミュニティ
ヴォイスカフェ　http://www.vcafe.jp/

ヴォイスグループの各種情報をいち早くお届け
ヴォイスの各種メルマガ購読
http://www.voice-inc.co.jp/mailmagazine/

ヴォイスモバイルサイト
http://www.voice-inc.co.jp/m/

ヴォイスグループへのお問い合わせは……

- ●書　籍　　[出版事業部]　☎03-3408-7473　book@voice-inc.co.jp
- ●セミナー・ワークショップ　[ヴォイスワークショップ]　☎03-5772-0511　event@voice-inc.co.jp
- 　　　　　　[シンクロニシティジャパン]　☎03-5411-0530　sjevent@voice-inc.co.jp
- ●通　販　　[ヴォイスグッズ]　☎03-5411-1930　goods@voice-inc.co.jp